Gary Chapman · Shannon Warden

AUF DIE PLÄTZE, FERTIG, ELTERN!

W0051707

Gary Chapman & Shannon Warden

AUF DIE PLÄTZE, FERTIG, Eltern!

Gut vorbereitet in die Kindererziehung starten

francke

Über die Autoren:

Gary Chapman ist zwar im Pensionsalter, will aber nichts von Ruhestand wissen. Er lebt mit seiner Frau Karolyn in North Carolina, arbeitet als Seelsorger seiner Gemeinde, hält Eheseminare und ist Autor zahlreicher Bücher. Mit seinem Buch „Die 5 Sprachen der Liebe" hat er einen neuen Schlüssel zur Kommunikation gefunden und ein Millionenpublikum erreicht.

Shannon Warden ist Dozentin für Beratung und Therapie. Vor ihrer wissenschaftlichen Karriere war sie als Therapeutin in der Ehe- und Familienberatung tätig. Sie ist verheiratet und hat drei Kinder.

Bibliografische Information der Deutschen Nationalbibliothek
Die Deutsche Nationalbibliothek verzeichnet diese Publikation
in der Deutschen Nationalbibliografie;
detaillierte bibliografische Daten sind im Internet
über http://dnb.dnb.de abrufbar.

ISBN 978-3-96362-023-2
Alle Rechte vorbehalten
This book was first published in the United States by Northfield
Publishing, 820 N. LaSalle Blvd., Chicago, IL 60610 with the title
Things I Wish I'd Known Before We Became Parents
Copyright © 2016 by Marriage and Family Life Consultants, Inc.
Translated by permission. All rights reserved.
© der deutschsprachigen Ausgabe
2018 by Verlag der Francke-Buchhandlung GmbH
35037 Marburg an der Lahn
Deutsch von Anja Findeisen-MacKenzie
Umschlagbild: © iStockphoto.com / sorbetto
Umschlaggestaltung: Verlag der Francke-Buchhandlung GmbH
Satz: Verlag der Francke-Buchhandlung GmbH
Printed in Czech Republic

www.francke-buch.de

Inhaltsverzeichnis

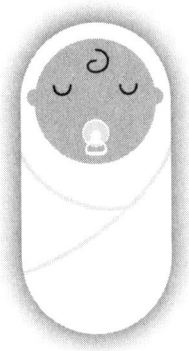

Vorwort

Vor ein paar Jahren schrieb ich ein Buch mit dem Titel *Checkliste für Ja-Sager: 12 Tipps für eine gute Ehe.*[1] Die Reaktionen darauf waren sehr positiv. Viele Berater und Seelsorger nutzen das Buch in ihren Kursen zur Ehevorbereitung. Viele Eltern und Großeltern haben es an junge Paare verschenkt. Ich bin weiterhin fest davon überzeugt: Wenn wir uns sorgfältig auf unsere Ehe vorbereiten, dann stehen die Chancen gut, dass es uns gelingt, eine gesunde Partnerschaft aufzubauen.

Dasselbe gilt meiner Meinung nach für Kindererziehung. Je besser wir uns darauf vorbereiten, desto wahrscheinlicher ist es, dass wir gute Eltern werden. Schon damals, als ich das Ehebuch verfasste, wusste ich, dass ich eines Tages eine Fortsetzung schreiben würde, deren Titel ungefähr so lauten könnte: *Hätte ich das nur vorher gewusst! 12 Tipps für die Kindererziehung.* So wie meine Frau Karolyn und ich in den ersten Jahren Probleme in der Ehe hatten, so war es auch, als wir unsere zwei Kinder bekamen. Niemand hatte uns vorher gesagt, was auf uns zukommen würde und was wir dann machen sollten. Glücklicherweise taten wir unser Bestes, sodass beide Kinder den Sprung ins Erwachsenenleben schafften. Sie sind mittlerweile glücklich verheiratet und haben uns zwei Enkelkinder geschenkt.

Als ich mich daranmachte, dieses Buch zu schreiben, das Sie jetzt in Händen halten, wusste ich, dass ich gerne eine Mit-Autorin hätte, die selbst noch kleine Kinder hat und aus unmittelbarer Erfahrung sprechen kann. Darum war ich sehr dankbar, als Dr. Shannon Warden sich dazu bereit erklärte. Vor wenigen Jahren noch arbeitete Shannon in unserer Beratungsstelle mit. Dann promovierte sie und hielt mehrere Jahre an Universitäten Vorlesungen im Bereich Seelsorge, zuletzt an der Wake Forest University, North Carolina.

Shannon ist mit Stephen verheiratet und die beiden haben drei Kinder: Avery, Carson und Presley, die Sie auf den folgenden Seiten kennenlernen werden. Sie hat es gelernt, Ehe, Kinder, Arbeit und das Engagement in der Gemeinde unter einen Hut zu bringen. Shannon redet also nicht aus einem akademischen Elfenbeinturm heraus, sondern kennt das Leben, wie es wirklich ist. Im Einführungskapitel erfahren Sie, wie Shannons Weg ins Mutterdasein aussah. Sie hat die Freuden und Probleme von Schwangerschaft und Kindererziehung selbst erlebt.

Ich bin sehr dankbar, dass Shannon mir beim Schreiben dieses Buches geholfen hat. Ich bin überzeugt, dass viele Menschen davon profitieren können. Wir möchten gerne unsere eigenen Erfahrungen als Eltern weitergeben, aber auch das, was wir im Lauf der Jahre durch unsere Beratungsarbeit mit Hunderten von Eltern gelernt haben. Wir laden Sie ein, dieses Buch schon zu lesen, bevor Ihr Baby zur Welt kommt, und sich die entsprechenden Kapitel immer wieder vorzunehmen, wenn Sie die Freuden und Herausforderungen der Kindererziehung am eigenen Leib erfahren.

Dr. Gary Chapman

Anmerkung zur deutschsprachigen Ausgabe:
In Kapitel 10 gehen die Autoren ausführlich auf das Thema „Bildung" ein. Die Beispiele und Bezüge auf das Bildungssystem der USA wurden für die deutschsprachige Übersetzung durch Hinweise auf die Schulsituation in Deutschland, Österreich und der Schweiz ersetzt. Da sich in diesen Ländern die Bildungssysteme z. T. innerhalb von Bundesländern, Regierungsbezirken oder Kantonen unterscheiden, sind die Informationen sehr allgemein gehalten.

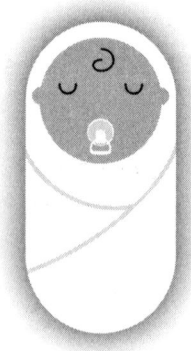

Einführung

Die Vorbereitung auf das Elternsein kostet viel Zeit und Energie und beginnt oft schon lange vor der Schwangerschaft. Manche Paare überlegen, wann wohl der beste Zeitpunkt wäre, um ein Kind zu bekommen. Sie denken darüber nach, was sie in ihrer Beziehung verändern sollten oder im Hinblick auf ihre Arbeitszeiten, ihr Einkommen, ihre Wohnung, ihr Auto usw. Ich habe Shannon gebeten, im Einführungskapitel ihren Weg ins Elternsein zu schildern und ihre Erfahrungen mit unseren Leserinnen und Lesern zu teilen. An ihrer Geschichte wird deutlich, warum ich es für sinnvoll hielt, dass sie mich beim Schreiben dieses Buches unterstützt:

Stephen und ich wählten Averys Namen schon dreieinhalb Jahre vor seiner Geburt aus. Es machte uns Spaß, über unsere künftige Familie nachzudenken und mit dem Planen zu beginnen. Doch erst nach neun langen Monaten wurde ich schwanger und hatte etwa zwei Wochen nach dem positiven Test eine Fehlgeburt. Stephen und ich hatten uns schon gefragt, warum es so lange gedauert hatte, bis ich schwanger wurde. Doch uns war bewusst, dass etwa zehn Prozent aller Frauen Probleme haben, schwanger zu werden oder es zu bleiben.[2] Auch wenn die Fehlgeburt ein harter emotionaler Rückschlag war, gaben wir unseren Traum nicht auf, ein Kind zu bekommen.

Als unser Sohn Avery sich schließlich ankündigte, schwankten wir zwischen Hoffnung und Sorge. Unsere Hoffnung wuchs jedoch mit meinem zunehmenden Bauchumfang und irgendwann galt unsere Aufmerksamkeit nicht mehr der besorgten Frage, ob ich wieder eine Fehlgeburt haben würde, sondern eher den üblichen Schwierigkeiten, mit denen sich werdende Mütter auseinandersetzen müssen: Übelkeit, Müdigkeit, geschwollene Gelenke, Schlaf- und Verdauungsprobleme, Hämorriden, Stimmungsschwankungen, Niedergeschlagenheit, Ängste. Gespräche mit Ärzten, Familienmitgliedern und Freunden und tatkräftige Unterstützung waren für uns äußerst hilfreich im Umgang mit meinen körperlichen und seelischen Belastungen. Und bald schon half uns das Staunen über Ultraschallbilder, die Schwangerschaft erträglicher zu machen. Als wir uns daranmachten, das Babyzimmer einzurichten, wurde unsere Vorfreude immer konkreter und greifbarer. Schließlich wurde Avery geboren und wir waren überglücklich.

Etwa drei Jahre nach Averys Geburt bemühten wir uns um ein zweites Kind. Wir wussten nicht, was auf uns zukommen würde, aber die Erfahrung unserer ersten Schwangerschaften hatte uns ja gelehrt, dass es eine Weile dauern könnte. Nach ein paar Monaten wurde ich schwanger, erfuhr jedoch bei einer Ultraschalluntersuchung in der zehnten Woche, dass ich anscheinend in der sechsten oder siebten Woche erneut eine Fehlgeburt gehabt hatte. Wir waren tief enttäuscht, gaben aber die Hoffnung nicht auf. Wir warteten ein paar Monate ab, wie es uns empfohlen wurde, und bemühten uns dann wieder darum, schwanger zu werden, jedoch ein Jahr lang ohne Erfolg. Schließlich zogen wir einen Facharzt zu Rate und ich wurde mehrere Monate behandelt – allerdings erfolglos.

Mit der Zeit wuchsen unsere Enttäuschung und Sorge. Der Spezialist empfahl uns eine künstliche Befruchtung. Ich wusste zwar, dass die Methode schon vielen Paaren geholfen hatte, aber ich wollte diesen Weg nicht einschlagen. Ich sagte zu Stephen: „Ich glaube, Gott will uns sagen: Ich schenke euch ein Baby zu dem Zeitpunkt, den ich für den richtigen halte."

Als ich diese Worte aussprach, ahnte ich nicht, dass er das schon getan hatte. Ich war mit unserem Sohn Carson schwanger, wie ich zwei Wochen später durch einen Test feststellen würde.

Als Carson ein Jahr alt war, hatten Stephen und ich die richtige Balance zwischen Arbeit und Familienleben gefunden. Wir fühlten uns so glücklich, dass wir überlegten, ein drittes Kind zu bekommen. Doch bevor wir diese Entscheidung trafen, unterhielten wir uns mit Freunden und Familienangehörigen, die bereits drei oder mehr Kinder hatten. Alle sagten, es sei hart; alle sagten, es würde sich lohnen; alle sagten, dass sie es wieder so machen würden.

Interessanterweise wurde ich dieses Mal ohne Probleme sofort schwanger und neun Monate später kam Presley, unsere Tochter, zur Welt. Wir staunen immer noch darüber, wie einfach die Schwangerschaft bei unserem dritten Kind klappte im Vergleich zu den vorherigen. Wir glauben, dass es uns bewusst machen soll, wie das Leben und das Elternsein ist – man kann nie vorhersagen, was geschehen wird, aber man kann in jeder Situation wieder Hoffnung finden.

Shannons und Stephens Weg ist nicht ungewöhnlich. Zwar ist jedes Paar und auch jede Schwangerschaft anders, aber überall gibt es sowohl Freude als auch Probleme. Dasselbe gilt für

Paare, die keine Kinder bekommen können oder wollen und sich für eine Adoption entscheiden. Und es gibt mit Sicherheit sehr viel Bedarf an liebevollen Adoptiveltern! Genau wie biologische Eltern erleben auch Adoptiveltern Ungewissheit, Belastungen und Freude während des Adoptionsprozesses. Um sich so gut wie möglich auf das Elternsein vorzubereiten, ist eine intensive Planung genauso notwendig wie Flexibilität, egal ob es sich um biologische oder um Adoptiveltern handelt.

Anfangs scheint die Schwangerschaft ewig zu dauern, doch die Monate gehen nach und nach vorüber und schließlich kommt der Zeitpunkt, an dem Ihr Baby sein Debut auf dieser Welt gibt. Die verschiedenen Arten der Geburt (vaginale Entbindung, Kaiserschnitt, Entbindung im Kreißsaal des Krankenhauses, im Geburtshaus oder als Hausgeburt) sind ihrer Natur nach alle komplex und chaotisch. Ähnlich wie in der Schwanger-

Ihre eigene Geschichte ist einzigartig – eine einzigartige Herausforderung und ein einzigartiges Wunder.

schaft sind werdende Eltern gut beraten, wenn sie sowohl flexibel als auch gut informiert sind, was wichtige Entscheidungen und mögliche Probleme bei der Entbindung betrifft. Doch selbst wenn Sie sich so gut wie möglich vorbereitet haben, werden Sie bald entdecken, dass Geburten im Fernsehen und die Erzählungen von Freundinnen Sie niemals ausreichend auf die Geburt Ihres eigenen Kindes vorbereiten können. Ihre eigene Geschichte ist einzigartig – eine einzigartige Herausforderung und ein einzigartiges Wunder. Die gute Nachricht dabei ist (egal wie ungeplant, chaotisch oder schmerzvoll die Geburt verläuft): Nur wenige Sekunden danach wartet eine unbeschreiblich große Freude auf Sie, wenn Sie Ihr kostbares kleines Bündel Glück das erste Mal im Arm halten und es küssen.

Vielleicht sollen die Freuden und Probleme während der

Wartezeit auf Ihren Familienzuwachs Sie auf die Freuden und Probleme vorbereiten, die noch vor Ihnen liegen. Ganz gleich, in welcher Lebenssituation Sie sich gerade befinden – ob Sie überlegen, eine Familie zu gründen; ob Sie versuchen, schwanger zu werden; ob Sie ein Kind erwarten oder über eine Adoption nachdenken: Wir hoffen, dass die folgenden Kapitel Ihnen die vielen angenehmen und lohnenden Seiten des Elternseins bewusst machen und Sie ermutigen, die Hoffnung und die positive Einstellung auch in schwierigen Zeiten nicht zu verlieren.

Schon bald werden Sie ein zentrales Thema entdecken, das sich wie ein roter Faden durch das Buch hindurchzieht: Es lohnt sich, Kinder zu haben! Der Versuch, schwanger zu werden, mit allen damit verbundenen Ungewissheiten und Belastungen ... die unangenehmen und schmerzhaften Seiten der Schwangerschaft und der Geburt ... all der Stress, den Eltern im Anschluss bewältigen müssen – das alles lohnt sich. Ich gehe davon aus, dass die meisten Eltern das instinktiv wissen. Trotzdem kann ein wenig Ermutigung und Information nicht schaden! Lesen Sie dieses Buch also, um zu lachen, ermutigt zu werden und sich an die großen und kleinen Dinge erinnern zu lassen, die Ihnen zeigen: Es lohnt sich, Zeit und Energie in Ihr Elternsein zu investieren.

> *Schon bald werden Sie ein zentrales Thema entdecken, das sich wie ein roter Faden durch das Buch hindurchzieht: Es lohnt sich, Kinder zu haben!*

Wenn ich das nur gewusst hätte ...

Kinder verändern unsere Zeitplanung radikal

Ich erinnere mich noch genau an jenen Sonntagmorgen, als unsere Tochter geboren wurde. Ich wachte auf und hörte Karolyn sagen: „Ich habe Wehen."

„Was bedeutet das?", fragte ich.

„Ich glaube, das Baby kommt."

„Wirklich?"

„Ja, wir müssen wohl zum Krankenhaus fahren."

Also zog ich mich rasch an und wir fuhren in die Klinik. Weder Karolyn noch ich hatten jemals die Geburt eines Kindes erlebt. Wir waren beide sehr aufgeregt, aber auch ziemlich naiv.

Wir waren seit drei Jahren verheiratet und bereit für ein Kind – das dachten wir jedenfalls. Wir hatten immer geplant, Kinder zu haben. Schon vor unserer Hochzeit sagte Karolyn, dass sie fünf Söhne haben wollte. (Sie stammt aus einer großen Familie.) Ich war verliebt, also antwortete ich: „Was immer du möchtest, ich bin damit einverstanden."

Ich hatte ja keine Ahnung, was ich da sagte.

Doch an jenem Sonntagmorgen war ich auf jeden Fall bereit für unser erstes Kind. Wir wussten noch nicht, ob es ein Junge oder ein Mädchen sein würde. Ich weiß, das ist schwer zu glauben, aber es gab damals noch keine Ultraschallgeräte. Bis das Kind aus dem Geburtskanal herauskam, wusste man gar nichts. Und ich muss gestehen, das steigerte die Spannung enorm.

Eine weitere Tatsache, die schwer zu glauben ist: Damals war es Vätern nicht erlaubt, im Kreißsaal dabei zu sein. Ich vermute, die Hebammen hatten es einfach satt, in Ohnmacht fallende Ehemänner aufzufangen. Darum hielten sie es für das Beste, wenn diese im Wartezimmer blieben.

Tatsächlich sagte der Arzt zu mir: „Das wird noch ein paar Stunden dauern. Wenn Sie möchten, können Sie also in die Kirche gehen, Ihre Predigt halten und danach wieder zurückkommen. Sie haben noch viel Zeit." (Er wusste, dass ich Pastor einer kleinen Gemeinde in der Stadt war.)

Ich war zunächst schockiert über diesen Vorschlag, doch dann dachte ich: *Warum nicht? Dann kann ich der Gemeinde gleich die gute Nachricht mitteilen.*

Also machte ich es so. Am Ende der Predigt sagte ich: „Ich kann heute nicht an der Tür stehen, um Sie zu verabschieden, denn heute Morgen habe ich Karolyn ins Krankenhaus gebracht. Das Baby wird bald kommen, deshalb fahre ich wieder zurück in die Klinik."

Ich merkte, dass die Damen in der Gemeinde empört waren, weil ich nicht im Krankenhaus geblieben war, aber schließlich folgte ich ja nur dem Rat des Arztes.

Im Wartezimmer der Klinik war es ruhig. Zehn Minuten später platzte die Hebamme herein und verkündete: „Gratulation! Sie haben eine Tochter."

Ich folgte ihr in den Kreißsaal und sah unser Baby auf Karolyns Bauch liegen. Sie sagte: „Es ist ein Mädchen, das konnte ich nicht ändern."

Es ist schon erstaunlich, was Menschen in solchen Situationen alles von sich geben.

„Das ist schon in Ordnung so. Du bist ja diejenige, die Jungs wollte. Ich bin auch mit einem Mädchen zufrieden", erwiderte ich.

Der Arzt bemerkte nur: „Die Kleine wird ihn in Nullkommanichts um den Finger wickeln." Und er hatte recht!

Zwei Tage später fuhren wir mit unserem Kind nach Hause. Allmählich merkte ich: Ein Baby zu bekommen und für ein Baby zu sorgen, sind zwei ganz verschiedene Dinge. Sogar die nächtlichen Ausflüge zur Eisdiele, um Karolyns Lust auf ein Bananensplit zu stillen, waren viel einfacher gewesen, als das Baby noch in ihrem Bauch gewesen war. Ja, im Grunde war *alles* einfacher gewesen, als das Baby noch in ihrem Bauch gewesen war. Jetzt musste das Kind viel öfter gefüttert werden, als ich gedacht hatte. Karolyn hatte beschlossen, unsere Tochter in den ersten Monaten zu stillen.

Ich weiß, dass die Diskussion um Stillen oder Nichtstillen eine sehr emotionale ist. Auch hier lohnt es sich, wenn Sie sich schon vor der Geburt informieren und das Für und Wider abwägen. Doch letztendlich können Sie Ihre endgültige Entscheidung erst treffen, wenn das Kind auf der Welt ist. Manche Frauen, die gerne stillen würden, stellen fest, dass es doch nicht so klappt wie geplant. Stillen ist sicherlich das Natürlichste für ein Baby, aber manchmal gibt es auch Probleme. Dann müssen Sie sich selbst die Flexibilität zugestehen, Ihre Entscheidung noch zu ändern. Am besten sprechen Sie mit Ihrem Arzt, Ihrer Mutter

> *Allmählich merkte ich: Ein Baby zu bekommen und für ein Baby zu sorgen, sind zwei ganz verschiedene Dinge.*

oder einer Freundin, wenn Sie überlegen, was Sie für Ihr Kind möchten. Was Sie selbst möchten, wird sich für Sie und das Kind als das Beste erweisen.

Und dann geschieht ja noch einiges am anderen Ende des Baby-Körpers – und auch das passierte viel häufiger, als ich es mir vorgestellt hatte. In der „guten alten Zeit" benutzten wir Stoffwindeln, die gewaschen werden mussten. Keine sehr angenehme Aufgabe! Wir entschieden uns für einen Windelservice, der die schmutzigen Windeln abholte und sie frisch gewaschen zurückbrachte. Heute benutzen viele Paare Wegwerfwindeln, was viel einfacher ist. Aus ökologischen Gesichtspunkten gehen etliche junge Eltern allerdings auch wieder zu Stoffwindeln über. Überlegen Sie, was für Sie in Ihrer Situation am besten ist. Möglicherweise gibt es auch in Ihrem Wohnort einen Windelservice, so wie es ihn damals bei uns gab. Wie auch immer Sie sich entscheiden: Windeln zu wechseln – egal welcher Art –, kostet viel Zeit, und der Geruch ist und bleibt unangenehm.

Das also sind die Basics: Das Essen muss rein und auch wieder raus. Wenn wir dafür nicht sorgen, kann das Baby nicht leben. Während dies die absoluten Notwendigkeiten sind, brauchen wir auch für die sonstige Versorgung unseres Kindes unglaublich viele Stunden. Die meisten jungen Eltern hoffen, dass ihr Kind mehrere Stunden am Tag und in der Nacht schläft. Wenn das der Fall ist, können Sie sich glücklich schätzen! Dann haben Sie Zeit, Essen zu kochen, Wäsche zu waschen, den Rasen zu mähen und all die anderen Pflichten zu erledigen, die zum Leben eines Erwachsenen gehören.

Unsere Tochter schlief mehr, als wir erwartet hatten. Doch trotzdem waren wir nicht entspannt, denn wir waren der Meinung, dass wir regelmäßig nach ihr schauen müssten, um uns zu vergewissern, dass sie noch atmete. Wir wussten nicht, wie gut wir es hatten – bis unser Sohn geboren wurde, der seine

Zeit nicht mit Schlafen verschwenden wollte und unsere Zeit weitaus mehr in Anspruch nahm.

Wir wussten, wie wichtig es ist, ein Baby zärtlich im Arm zu halten. Ich hatte unzählige Studien gelesen über Kinder, die stundenlang ohne eine liebevolle Berührung auskommen mussten und dadurch in ihrer seelischen Entwicklung beeinträchtigt waren. Wir wollten, dass unsere Tochter sich geliebt fühlte, darum nahmen wir sie oft auf den Arm, redeten und lachten mit ihr. Wir lasen ihr Geschichten vor, noch bevor sie die Worte verstehen konnte, denn wir wollten ihr Gehirn durch Bilder und Töne anregen. Wir wollten einfach gute Eltern sein.

Doch all dies brauchte Zeit, viel Zeit. Theoretisch hatten wir schon vor der Geburt gewusst, dass ein Kind einen großen Teil unserer Aufmerksamkeit beanspruchen würde, aber Theorie und Praxis unterscheiden sich doch sehr. Ich wünschte, jemand hätte uns vorher gesagt, dass wir unsere Zeitplanung komplett ändern müssten, wenn das Baby da war.

Theoretisch hatten wir schon vor der Geburt gewusst, dass ein Kind einen großen Teil unserer Aufmerksamkeit beanspruchen würde, aber Theorie und Praxis unterscheiden sich doch sehr.

Eine wichtige Entscheidung hatten wir schon vor der Geburt getroffen: Karolyn hatte beschlossen, Hausfrau und Mutter zu sein. Also kamen wir überein, dass sie ihren Job kündigte, bevor das Kind geboren wurde. Als diese Entscheidung gefallen war, nahm ich an, dass sich in meinem Tagesablauf nicht viel ändern würde. Immerhin müsste eine „Vollzeitmutter" ja genügend Zeit für das Baby haben, oder?

Doch dann kam das böse Erwachen für mich. Offenbar gibt es einen Grund, warum eine Mutter und ein Vater nötig sind, um ein Kind zu zeugen. Und es gibt einen Grund, warum wir uns bei der Heirat verpflichten, einander „zu lieben und zu ehren". Wenn ein Kind geboren wird, brauchen wir die Liebe und Unterstützung unseres Partners nötiger denn je. Viele wissenschaftliche Untersuchungen kommen zu dem Schluss, dass die optimale Umgebung für ein Kind darin besteht, Eltern zu haben, die einander lieben und unterstützen. Mein Buch *Die fünf Sprachen der Liebe*[3] hat unzähligen Paaren geholfen, eine liebevolle, fürsorgliche Beziehung aufzubauen, in der beide sich gegenseitig unterstützen. In einer solchen Beziehung sind beide bereit, ihre Zeitplanung so anzupassen, dass sie die Bedürfnisse des Partners und der Kinder erfüllen können.

Ein weiterer wichtiger Faktor besteht darin, unsere Grenzen zu akzeptieren. Wir können nicht alles machen. Jeder von uns hat Grenzen. Ein Vater kann nicht einen Vollzeitjob bewältigen, zwei Stunden täglich im Fitnesszentrum trainieren, jeden Abend drei Stunden am Computer sitzen, eine Sportveranstaltung besuchen, jeden Samstag Golf spielen und trotzdem ein liebevoller Vater und Ehemann sein. Die Bereitschaft, unsere Grenzen anzunehmen und unsere Zeit so zu planen, dass die wichtigsten Dinge nicht zu kurz kommen, bewahrt uns davor, frustriert oder von uns selbst enttäuscht zu sein. Zeit, Geld, Kräfte und Fähigkeiten – all das ist begrenzt. Sich realistische Ziele zu setzen, führt zu großer Zufriedenheit, wenn wir sie erreicht haben. Unrealistische Ziele, die nicht zu erreichen sind, frustrieren dagegen und können letztendlich sogar in eine Depression führen.

Wichtig ist außerdem, eine „Wir"-Mentalität zu entwickeln oder beizubehalten. Es wäre gut, wenn wir unsere „Ich"-Mentalität schon vor der Hochzeit ablegen; spätestens jedoch in der Ehe. Als frischgebackene Eltern ist das wichtiger als je zuvor. Eltern können nicht mehr überlegen, was „ich" tun werde, sondern was „wir" tun werden. Elternsein ist eine Teamsportart.

Opferbereitschaft gehört ebenfalls zu den inneren Einstellungen, die man für eine Veränderung des persönlichen Terminplans braucht. Shannon, meine Co-Autorin, absolvierte im Rahmen ihrer Promotion ein Praktikum. Dabei lernte sie eine Krankenhausseelsorgerin kennen, die eine Doktorarbeit geschrieben und jahrelang an einer nahe gelegenen Universität gelehrt hatte. Sie erzählte Shannon, dass sie gern Mutter gewesen war und bewusst auf eine Karriere verzichtet hatte, als ihre Kinder noch klein waren, denn sie wollte trotz ihrer Berufstätigkeit so viel wie möglich mit ihnen zusammen sein. Das bedeutete, dass sie die Karriereleiter an der Universität nicht so schnell hinaufklettern konnte, wie es vielleicht sonst der Fall gewesen wäre. Für sie war das Muttersein wichtiger als der berufliche Aufstieg.

An dieser Stelle möchte ich jedoch ausdrücklich erwähnen, dass es keineswegs das einzige Modell ist, dass nur die Mütter – wie oben beschrieben – für die Kinder beruflich zurückstecken. In diesem Punkt befindet sich unsere Gesellschaft gerade in einem Umdenkprozess. Viele Paare teilen sich die Erziehungsarbeit, indem beide berufliche Einschnitte vornehmen – andere wiederum nutzen Möglichkeiten, die sich mittlerweile auch den Männern bieten (Elternzeit o.Ä.), damit die Väter sich verstärkt in die Kinderbetreuung einbringen. Hier gibt es mittlerweile mehr Möglichkeiten als früher (auch wenn es sicherlich noch viel Verbesserungsbedarf gibt). Sie und Ihr Partner müssen selbst für Ihre persönliche Situation die Entscheidung treffen, welches das beste Modell für Ihre Familie ist.

Generell bleibt jedoch zu sagen, ganz gleich ob im Beruf

oder in anderen Lebensbereichen: Eltern schränken sich häufig bis zu einem gewissen Grad um ihrer Kinder willen ein. Manchmal sind diese Opfer besonders spürbar; in anderen Fällen würden die Eltern sie gar nicht als solche bezeichnen.

Unsere innere Einstellung zu verändern und uns darüber klar zu werden, wie wir das Elternsein angehen wollen, ist eine lohnenswerte, aber nicht ganz einfache Aufgabe.

Unsere innere Einstellung zu verändern und uns darüber klar zu werden, wie wir das Elternsein angehen wollen, ist eine lohnenswerte, aber nicht ganz einfache Aufgabe. Sie sollten es unbedingt vermeiden, mit unrealistischen, unerreichbaren Erwartungen und der daraus resultierenden Enttäuschung zu leben. Das führt auf lange Sicht zu Frustration und Unzufriedenheit.

Wie Sie es hinbekommen

Wir brauchen nicht nur eine andere innere Einstellung, sondern müssen auch praktische Schritte unternehmen, wenn wir die zeitlichen Herausforderungen als Ehepartner und Eltern bewältigen wollen. Shannon und ich haben die folgenden Vorschläge zusammengetragen, die wir für hilfreich halten, wenn es um die Anpassung unserer Zeitplanung geht.

1. Organisieren Sie sich

Wir wissen, dass dieser Vorschlag aus zwei Gründen problematisch ist. Erstens besitzt nicht jeder die Gabe, sich selbst zu organisieren. Das gehört zu den Erkenntnissen, zu denen ich

nàch meiner Heirat gekommen bin. Ich bin extrem organisiert; meine Frau ist das genaue Gegenteil. Zweitens braucht
man Zeit, um sich zu organisieren – und Zeitmangel ist ja gerade das Problem, mit dem wir es hier zu tun haben.

Es gibt jedoch kleine Veränderungen, die man vornehmen
kann und die spürbare Auswirkungen haben. Nehmen Sie einmal Ihren Terminkalender zur Hand und fragen Sie sich: *Was
muss ich vermutlich verändern, wenn das Baby geboren ist?* Oder
– wenn das Baby bereits zu Hause ist – überlegen Sie, wo Zeit-
druck entsteht, und fragen Sie sich: *Wie könnte ich den Druck
herausnehmen, indem ich meine Zeit anders einteile?*

Zum Beispiel könnten Sie eine halbe Stunde früher aufstehen. Oder Sie könnten in Ihre Mittagspause einen Spaziergang integrieren, sodass Sie abends dafür keine Zeit einpla-
nen müssen. Oder Sie gönnen Ihrem Ehepartner eine Auszeit,
indem Sie für ihn oder sie das Geschirr abwaschen.

2. Werden Sie kreativ

Ihr Baby wird nicht immer ein Baby bleiben. Früher als Sie
denken, werden Sie lustige Spielchen mit ihm machen, beispielsweise Piraten spielen oder zum „Kaffeekränzchen" ein-
laden. Auch Malbücher werden wieder in Ihr Leben zurück-
kehren. Das sind nur ein paar Beispiele für kreative Tätigkei-
ten, die ganz normal zum Elternsein dazugehören. Ziemlich
viel Kreativität brauchen Eltern aber auch, wenn sie den vollen
Terminkalender ihrer Familie managen müssen.

Multitasking kann zwar auch kreativ sein, ist aber nicht immer das Beste für Ihr Kind. Wenn Sie Ihr Kind bei Routinetä-
tigkeiten mitnehmen, z.B. zum Einkaufen, dann erfüllen Sie
zum einen eine notwendige Aufgabe und zum anderen zeigen
Sie Ihrem Kind eine interessante Umgebung. Wenn Sie jedoch
mit Ihrem Kind reden, während Sie eine WhatsApp schreiben

oder vor dem Fernseher sitzen, betrügen Sie das Kind und sich selbst um kostbare Zeiten.

3. Beziehen Sie andere Menschen mit ein

Eltern können sich nicht immer rund um die Uhr um ihre Kinder kümmern, deshalb brauchen sie die Hilfe vertrauenswürdiger Personen. Manche Familien sind in der glücklichen Lage, dass sie Großeltern, andere Verwandte oder Freunde in der Nähe haben, die sie bei der Betreuung ihrer Kinder unterstützen können. Gute Kindertagesstätten, Babysitter oder Tagesmütter sind für viele Familien unentbehrlich. Es gibt aber auch Eltern, die bei dem Gedanken zögern, ihr Kind in fremde Hände zu geben; vor allem, wenn es ihr erstes Kind ist, fällt ihnen eine Trennung schwer. Wir empfehlen Ihnen auf jeden Fall, sich ausführlich über die Möglichkeiten der Kinderbetreuung zu informieren und die verschiedenen Optionen auf ihre Sicherheit und Vertrauenswürdigkeit hin zu prüfen. Diese Mühe lohnt sich, denn Eltern, die den Betreuern ihrer Kinder vertrauen, können nicht nur beruhigt sein, sondern gewinnen auch ein größeres Maß an Freiheit.

Es ist ein großer Segen, wenn man bei der Erziehung des Kindes Unterstützung bekommt.

Eine Freundin von uns sagte: „Ich bringe mein Kind so gern in den Kindergarten!" Das meinte sie nicht nur als Kompliment an die Betreuungseinrichtung, sondern auch als Ausdruck der Freude über ihre persönliche Freiheit, um wichtige Dinge erledigen zu können. So wie viele andere spürte sie: Es ist ein großer Segen, wenn man bei der Erziehung des Kindes Unterstützung bekommt.

Shannon und Stephen hatten das Glück, Familienangehörige in der Nähe zu haben. Großeltern verbringen gern Zeit mit ihren Enkeln (sofern es nicht zu lang und zu häufig ist). Karolyns und meine Eltern wohnten leider nicht in unserer Nähe. Dafür hatten wir liebe Freunde, die bereit waren, auf unsere Kinder aufzupassen, damit wir etwas Wichtiges erledigen konnten. Einige unserer Freunde waren alleinstehend. Sie waren auch bereit, bei unseren Kindern zu bleiben, als diese schon etwas älter waren, sodass Karolyn und ich zu Konferenzen fahren oder kurze Reisen unternehmen konnten.

4. Machen Sie sich das Leben so einfach wie möglich

Egal wie man es dreht und wendet: Das Leben mit Kindern ist stressig. Und es wird immer anstrengender, je älter sie werden. Wenn es erst einmal mit Fußball, Klavierunterricht und Ballettstunden losgeht, gleicht das Leben einem Marathon. Und irgendwann steht man vor der Frage, wie man es sich etwas leichter machen kann. Welche Aktivitäten könnten wegfallen? Unser Leben sollte kein permanenter Stress sein.

> *Körper und Seele, auch die unserer Kinder, brauchen Ruhe und freie Zeit.*

Körper und Seele, auch die unserer Kinder, brauchen Ruhe und freie Zeit, um nachdenken zu können und einfache Dinge wie einen Sonnenuntergang, einen Regenbogen oder Vogelgezwitscher zu genießen. Einmal sagte ein Vater zu mir: „Das ist der erste Samstag seit langer Zeit, an dem wir nichts vorhaben." Versuchen Sie, mehr solche Samstage zu bekommen!

Als unser Baby noch klein war, beschloss Karolyn, dass der Sonntagabend eine wunderbare Zeit war, um mit dem Kind zu entspannen. Als Pastor hatte ich am Sonntagabend Verpflichtungen, aber ich ermutigte meine Frau, zu Hause zu bleiben. Konnten das alle Gemeindemitglieder nachvollziehen? Nein!

Aber die meisten von ihnen schon, denn sie blieben auch zu Hause. Unsere Kultur sollte nicht unser Leben bestimmen, auch nicht die christliche Kultur. Schließlich müssen wir uns vor Gott verantworten und nicht vor unserer Kultur.

5. Freuen Sie sich über das, was gut läuft

Suchen Sie nach Gelegenheiten, wie Sie sich in der Familie Bestätigung vermitteln können. Indem wir unsere Aufmerksamkeit und Energie auf das richten, was gut läuft, ermutigen wir unseren Ehepartner und unsere Kinder und bauen eine positive Beziehung zu ihnen auf. Das verbessert auch unsere Sicht auf das, was nicht so gut läuft. Wir bekommen den Eindruck, dass unsere Gewinne größer sind als unsere Verluste, und gelangen zu der Überzeugung, dass wir auch die Herausforderungen gemeinsam bewältigen können.

Die oben genannten Vorschläge sind sicherlich nicht vollständig. Jedoch können sie als Ausgangspunkt dienen, um die Stärken und die Grenzen unserer familiären Zeitplanung zu erkennen.

Jetzt mal ehrlich

Fragen zum Nachdenken und Diskutieren

1. Unterhalten Sie sich mit einem Paar, das in den letzten sechs Monaten ein Kind bekommen hat. Fragen Sie nach, wie das Baby den Tagesablauf verändert hat.

2. Haben Sie schon darüber gesprochen, welche beruflichen Veränderungen Sie nach der Geburt Ihres Kindes vorneh-

men möchten? Wer von Ihnen möchte Elternzeit in Anspruch nehmen oder beruflich zurückstecken? Sind hier schon Entscheidungen gefallen?

3. Welche Betreuungsmöglichkeiten wünschen Sie sich für Ihr Kind? Informieren Sie sich rechtzeitig; unter Umständen müssen Sie einige Zeit auf einen Betreuungsplatz warten.

4. Schreiben Sie auf, womit jeder von Ihnen seine Freizeit verbringt: Fußball spielen, Fitnesstraining, Videospiele, Hobbys, Facebook, Gemeindeaktivitäten usw. Haben Sie vor, an irgendeiner Stelle Kürzungen vorzunehmen, wenn das Baby da ist?

5. Erstellen Sie eine Liste davon, welche normalen Aufgaben im Haushalt regelmäßig zu erledigen sind und wer das im Augenblick macht. Dazu gehört zum Beispiel Einkäufe erledigen, kochen, Wäsche waschen, den Fußboden fegen oder staubsaugen, die Toilette und die Dusche sauber machen usw. Soll es hier an irgendwelchen Stellen nach der Geburt des Kindes Veränderungen geben?

6. Überlegen Sie, inwiefern Sie bereit sind, für Ihr Kind persönliche Opfer zu bringen.

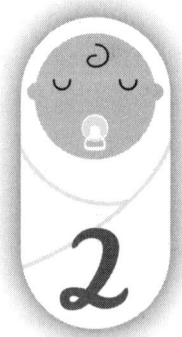

Wenn ich das nur gewusst hätte ...

Kinder kosten viel Geld

Ein paar Tage nach der Geburt unserer Tochter erhielt ich eine Rechnung vom Krankenhaus. Die Kosten für die Entbindung betrugen ganze neun Dollar. (Man bedenke, das war noch in der „guten alten Zeit" und wir waren gut versichert.) Ein Baby für neun Dollar! Was für ein unschlagbarer Deal! Ich muss zugeben, ich war begeistert. Und ich verschwendete keinen einzigen Gedanken daran, was die nächsten 26 Jahre kosten würden, bis wir unsere Tochter durch die Grundschule, Mittelschule, High School, das College und die medizinische Hochschule begleitet hatten. Offen gesagt bin ich ganz froh darüber, denn es hätte mich wahrscheinlich umgehauen.

Wenn Sie jedoch eher ein Planungstyp sind und es ganz genau wissen wollen, dann wird Sie vielleicht der Jahresbericht des amerikanischen Landwirtschaftsministeriums zur Nahrungsmittelversorgung interessieren, der den Titel trug:

„Ausgaben für Kinder durch Familien"⁴. Ich fasse das Ergebnis
gern für Sie zusammen. Die geschätzten Kosten für ein Kind
von seiner Geburt bis zum Alter von 17 Jahren betragen ungefähr 250.000 Dollar. Diese Zahl basiert auf einer Familie mit
zwei Elternteilen, mittlerem Einkommen und zwei Kindern.
Die Kosten für eine eventuelle Collegeausbildung oder andere
Ausgaben, die nach dem 18. Geburtstag des Kindes entstehen,
sind hierin nicht berücksichtigt. (Ich ahne es: Einige von Ihnen haben bereits ihren Taschenrechner gezückt und heraus-
gefunden, dass es 14.705 Dollar pro Jahr sind.) Natürlich können die Kosten sehr variieren, je nach Wohnung, Ernährung,
Transportmitteln, Kleidung, Gesundheit, Kinderbetreuung,
Ausbildung und vielen anderen Faktoren. In Deutschland hat
das Statistische Bundesamt für das Jahr 2008 folgende Werte ermittelt: Paare mit einem Kind wenden durchschnittlich
584 Euro pro Monat für ihr Kind auf, Paare mit zwei Kindern
515 Euro pro Kind. Zusammengerechnet kommt man zu einer ungefähren Summe von 130.000 Euro pro Kind bis zum
18. Lebensjahr. Darin sind
allerdings, so betont das
Bundesamt, die Kosten für
Kinderbetreuung noch nicht
enthalten! Und das kann, je

> *Das Leben muss einfach Tag
> für Tag bewältigt werden.*

nach Wohnort oder Familiensituation, noch einmal zusätzlich
eine ordentliche Summe monatlich ausmachen.⁵
    Ich hoffe, das entmutigt Sie nicht – und wenn doch, dann
nehmen Sie einen dicken schwarzen Filzstift und streichen
den obigen Absatz durch. Tatsächlich machen sich nur wenige
Paare Gedanken über die lange Reise, die ihnen bevorsteht.
Ich muss zugeben, dass wir es jedenfalls nicht gemacht haben.
Doch ich denke, das ist auch gut so. Das Leben muss einfach
Tag für Tag bewältigt werden. Wir bringen unsere Babys zur
Welt und dann verlieben wir uns so unsterblich in sie, dass wir
uns instinktiv innerlich verpflichten, die Kosten, die sie ver-

ursachen, irgendwie zu stemmen. Ich hoffe aber, dass sich irgendwann der gesunde Menschenverstand einschaltet, wenn wir mehr ausgeben, als wir einnehmen. Diese Situation ruft nach einer Kurskorrektur.

Schon ziemlich früh trafen Karolyn und ich die Entscheidung, nicht „über unsere Verhältnisse" zu leben. Wir mögen beide keine Schulden. Also besaßen wir nicht einmal eine Kreditkarte, als unser Kind geboren wurde. Ein paar Monate später zogen wir für ein weiterführendes Studium nach Texas um und brauchten ein Kinderbett. Wir wollten uns eine Kreditkarte besorgen und wurden abgelehnt, weil unsere Bonität nicht überprüft werden konnte. Im Rückblick war es also keine so gute Idee, dass wir nie einen Kredit aufgenommen hatten. Auch das gehört zu den Dingen, die ich besser früher gewusst hätte. Heutzutage ist es viel einfacher, an eine Kreditkarte zu kommen. Sie werden einem ja von allen Seiten angeboten.

Der vernünftige Umgang mit einer Kreditkarte (indem man jeden Monat den Umsatz ausgleicht, sobald er fällig ist) kann das Leben einfacher machen. Jedoch sind schon viele Familien in ernste finanzielle Schwierigkeiten geraten, weil sie auf der Kreditkarte Schulden angehäuft haben. Die Tipps, die wir Ihnen in diesem Kapitel geben, werden Sie hoffentlich davor bewahren, über Ihre Verhältnisse zu leben, wenn Sie ein Kind haben.

Ich habe gelernt, die Kosten für meine Kinder nicht nur als Ausgaben anzusehen, sondern als eine Investition.

Im Folgenden werden wir sehen, dass Kinder uns nicht nur Geld kosten, sondern, wie bereits in Kapitel 1 angedeutet, auch Zeit und Energie. Geld, Zeit und Energie! All das mag sich ziemlich entmutigend anhören, aber ich habe gelernt, die Kosten für meine Kinder nicht nur als Ausgaben anzusehen, sondern als eine Investition. Ja, ich bin sogar überzeugt, dass Kinder unsere beste „Investition" sind. Sie

bringen uns in diesen ersten Jahren viel Freude. Wir lieben
sie und sie lernen, uns und andere zu lieben. Wir helfen ihnen, ihre ureigenen Interessen und Fähigkeiten zu erkennen
und zu entwickeln. Wenn sie erwachsen sind, bereichern sie
das Leben der Menschen, denen sie begegnen. Und wenn wir
eine liebevolle Beziehung zu ihnen aufrechterhalten, sorgen
sie für uns, wenn wir alt sind und uns wieder mehr wie Kinder
benehmen und sie mehr wie Erwachsene. Welche Investition
könnte besser sein?

Die Liebe und alles Kostbare, was durch Kinder in unser
Leben und in die Welt hineingebracht wird, wiegt weit mehr
als die Finanzen, die wir für sie geopfert haben. Dennoch ist
es wichtig, dass Sie sich der Kosten bewusst sind, die Kinder
verursachen, und sich überlegen, wie Sie Finanzen, Zeit und
Energie so einteilen, dass Sie am besten für Ihr Kind sorgen
können.

Shannon und ich sind keine Finanzexperten. Darum ermutigen wir diejenigen von Ihnen, die sich intensiver mit finanziellen Strategien beschäftigen möchten, einen Finanzberater
aufzusuchen. Wir haben jedoch ein paar allgemeine Grund-
sätze gefunden, die für Eltern mit finanziellen Engpässen hilfreich sein können: sich zur Selbstdisziplin verpflichten; gut
organisiert sein; kreativ werden.

Verpflichten Sie sich zur Selbstdisziplin

Eine Definition von Selbstdisziplin lautet: sich selbst leiten,
um eine Verbesserung zu erzielen. Der erste Schritt in diese
Richtung lautet: Wir machen uns bewusst, welche Veränderungen notwendig sind. Im Blick auf die Finanzen bedeutet
das, dass wir Buch führen über unsere Ausgaben, damit wir
feststellen können, ob wir über unsere Verhältnisse leben oder
nicht. Wenn wir regelmäßig nicht in der Lage sind, unseren

Wir machen uns bewusst, welche Veränderungen notwendig sind.

Lebensunterhalt zu bestreiten, ohne uns zu verschulden, ist es Zeit für eine Kurskorrektur. Wir müssen uns also darüber unterhalten, wie wir entweder unsere Ausgaben kürzen oder mehr Geld verdienen können. Wenn wir diesbezüglich eine oder mehrere Entscheidungen getroffen haben, dann brauchen wir Selbstdisziplin, um uns an unsere Beschlüsse zu halten.

Shannon erzählte mir, dass auch sie und Stephen eine Kurskorrektur brauchten und sich darum zu Folgendem verpflichteten:

Seltener essen gehen und stattdessen gesündere, aber einfachere Mahlzeiten zu Hause kochen; Essen mit zur Arbeit nehmen; weniger Spontankäufe und nur das kaufen, was man wirklich braucht, statt der Dinge, die man gerne hätte; weniger auf Kredit kaufen.

Wie so viele Paare orientierten wir uns vorher sehr an unseren momentanen Wünschen. Bequemlichkeit und vorgeschobene Bedürfnisse nutzten wir manchmal als Ausrede dafür, um unser Geld leichtfertig auszugeben. Als wir uns zur finanziellen Selbstdisziplin verpflichteten, fanden wir neue und sehr lohnenswerte Wege, Geld für die wichtigeren Dinge zu sparen. Diese Strategie gab uns nicht nur mehr finanzielle Mittel für die kurz- und langfristigen Bedürfnisse unserer Kinder, sondern stärkte auch unsere Beziehung als Paar. Das war ein unerwarteter Bonus.

Karolyn und ich mussten Selbstdisziplin lernen, als ich meine Doktorarbeit begann. Wir hatten ein Kind und kamen überein, dass Karolyn nicht außer Haus arbeiten würde. Ich hatte

einen Teilzeit-Job bei einer Bank in der Nähe, wo ich genug
verdiente, um unsere Miete, die Nebenkosten und das Essen
zu bezahlen. Danach blieb allerdings nichts mehr übrig.

Ich weiß noch, wie Karolyn mich eines Tages bat: „Schatz,
würde es dir etwas ausmachen, wenn du in Zukunft die Rechnungen bezahlst und das Scheckbuch führst?" Eigentlich hatte
sie diese Aufgabe übernommen.

„Nein, warum?"

„Weil ich davon Bauchschmerzen bekomme", antwortete
sie. Das zeigt, wie knapp wir bei Kasse waren.

Es blieb wirklich nichts übrig für Kleidung, tolles Essen oder
Freizeitaktivitäten. Im Rückblick kann ich Karolyns Selbstdisziplin nur bewundern. Drei Jahre später verließ ich die Universität mit dem Doktortitel – und ohne Schulden. Meine
Frau hatte sich drei Jahre lang keine Schuhe gekauft. Darum
wird jeder verstehen, dass ich es ihr jetzt, wo unsere Kinder
erwachsen und selbstständig sind, nicht übelnehme, wenn sie
mit sechs Paar neuen Schuhen nach Hause kommt.

Jedes Paar muss für sich entscheiden, was es tun kann, um
finanziell über die Runden zu kommen. Ist die Entscheidung
einmal getroffen, dann brauchen beide Partner Selbstdisziplin, um diese gemeinsamen Ziele zu erreichen.

Organisieren Sie Ihre finanziellen Angelegenheiten

Ich bin von Natur aus jemand, der gut organisiert ist. Wenn
Sie sich unseren Geschirrspüler ansehen, nachdem ich ihn
eingeräumt habe, dann wissen Sie, was ich meine. Karolyn dagegen belädt die Maschine so, als ob sie Frisbee spielen würde.

Im Blick auf unsere Finanzen war ich allerdings nicht an-
nähernd so gut organisiert. Natürlich zahlte ich jeden Monat
unsere Rechnungen (nachdem Karolyn mich dazu verpflichtet hatte) und führte das Scheckbuch, aber ich hatte noch nie

ein Budget aufgestellt. Ein Budget ist, wie gesagt, ein gutes Hilfsmittel, um die Finanzen zu ordnen. Wieder etwas, das ich besser gewusst hätte, bevor wir Eltern wurden!

Ich muss gestehen, dass uns die Idee, ein Budget aufzustellen, erst kam, nachdem ich meine Doktorarbeit geschrieben hatte. Als ich dann endlich eine geregelte Arbeit hatte und wir etwas mehr Einkommen hatten, hielten wir alles Finanzielle in schriftlichen Kategorien fest. Das öffnete mir buchstäblich die Augen. Uns wurde klar, dass wir ein paar Jahre vorausdenken mussten, wenn unsere Tochter vielleicht aufs College gehen würde. Das zwang uns, klarer und detaillierter darüber nachzudenken, was wir mit unserem Geld machen wollten.

Shannon und Stephen ging es ähnlich:

Als Stephen und ich uns ernsthafter mit unseren Finanzen auseinandersetzten, erkannten wir, dass seine Strategie „weniger ausgeben und mehr sparen" für unsere Situation nicht länger funktionierte. Und auch meine optimistische Einstellung – „Wir schaffen das schon" – reichte nicht mehr aus. Wir mussten unsere Buchhaltung besser organisieren, damit wir unsere Ausgaben genau kannten und finanzielle Engpässe voraussehen konnten. Stephen erstellte mithilfe meiner Angaben ein genaues Budget und dann sprachen wir darüber, wie wir mit unserem verfügbaren Einkommen umgehen wollten. Das war ein riesiger Fortschritt für uns. Viele Jahre hatten wir so gelebt, als ob die Finanzen sich von alleine regeln würden. Jetzt sind wir in dieser Hinsicht besser organisiert und bemühen uns gemeinsam mehr darum, innerhalb unseres Budgets zu bleiben.

Gut organisiert zu sein kann zum Beispiel bedeuten, dass man eine Einkaufsliste erstellt, bevor man zum Supermarkt fährt.

Das bewahrt vor Spontankäufen und spart viel Geld. Oder es heißt, dass man genau festlegt, wie viel man für Kleidung ausgeben kann, bevor man den Laden betritt. Wenn man einen bestimmten Betrag vor Augen hat, kauft man eher das, was man wirklich braucht, als das, was man gerade gern hätte.

Es gibt nur drei Dinge, die man mit Geld machen kann: ausgeben, sparen oder verschenken. Schon bevor wir heirateten, kamen Karolyn und ich überein, dass wir zehn Prozent unseres Einkommens für christliche Projekte spenden wollten. Wir nahmen beide unseren Glauben ernst und waren überzeugt, dass wir auf diese Weise Gott ehren konnten. Jedoch hatten wir keine so genauen Vorstellungen von dem, was wir sparen wollten. Erst nachdem wir unser erstes Kind bekommen hatten und meine Dissertation beendet war, beschlossen wir, zehn Prozent unseres Einkommens zu sparen. Das war eine der klügsten Entscheidungen, die wir je getroffen haben. Um mit den verbleibenden achtzig Prozent auszukommen, mussten wir kreativ werden, und das führt uns zu unserem dritten Vorschlag.

> *Es gibt nur drei Dinge, die man mit Geld machen kann: ausgeben, sparen oder verschenken.*

Werden Sie kreativ!

Manche Menschen sind wahre Meister im Entwickeln kreativer Ideen, mit denen man Geld sparen kann. Sie stellen selber Babynahrung, Seife und Kleidung her. Sie kaufen mit Gutscheinen ein und verkaufen gebrauchte Gegenstände im Second-Hand-Laden oder auf eBay. Sie recyceln gewöhnliche Haushaltsgegenstände und machen Spielzeug oder andere nützliche Dinge daraus. Das alles sind tolle kreative Strategien, die Geld sparen.

Shannon sagt, dass sie so etwas zwar nicht macht, sich aber trotzdem als kreativ betrachtet:

Stephen und ich haben viele Kleidungsstücke von Avery aufgehoben, sodass Carson schon einen Vorrat hat. Das erspart es uns, Carson jedes Jahr neu einkleiden zu müssen. Wir schauen die DVDs an, die wir schon haben, und kaufen uns nicht ständig neue. Wir spielen bei uns in der Umgebung oder besuchen öffentliche Spielplätze. Wir lassen Drachen steigen, fahren Fahrrad und Dreirad. Wenn wir für uns selbst Kleidung kaufen, dann immer Teile, die sich gut kombinieren lassen. So ist unser Kleiderschrank nicht mit Sachen gefüllt, die wir nur selten tragen können, weil nichts dazu passt. Das sind nur ein paar Beispiele für das, was wir uns einfallen lassen, um mit weniger Geld auszukommen. Wie gesagt – ich bin nicht die Allerkreativste oder Sparsamste, aber auch kleine Einsparungen sind schon ein kleiner Schritt in die richtige Richtung. Wir versuchen einfach nur, bei unseren Ausgaben oder beim Sparen praktische und kreative Wege zu finden.

Wenn man – wie wir als Familie Chapman – erst ein Mädchen und dann einen Jungen bekommt, kann man die Kleider nicht einfach weitervererben. Karolyn fand jedoch eine Freundin, die einen wenige Jahre älteren Sohn hatte und dessen Kleidung gern an uns weitergab. Machen Sie sich keine Gedanken, dass Ihr Sohn Komplexe bekommen könnte, weil er immer nur gebrauchte Kleider trägt. Auf diese Weise kann man ihm gut beibringen, wie man aus dem, was man hat, das Beste machen kann. Und: Ihr Kind lernt, wie bereichernd es ist, anderen Menschen zu helfen. Wer weiß, vielleicht sind Sie in ein paar Jahren in der Situation, dass Sie eine junge Familie auf diese Weise unterstützen können? Wir nahmen auch Spielsa-

chen von anderen Familien
an und schenkten sie weiter,
wenn unsere Kinder aus dem
entsprechenden Alter heraus
waren.

Ihr Kind lernt, wie bereichernd es ist, anderen Menschen zu helfen.

Wir verbrachten viele Stunden mit unseren Kindern bei Aktivitäten, die nichts kosten, wie zum Beispiel draußen zu spielen oder drinnen Brettspiele zu veranstalten. Als die Kinder noch kleiner waren, malten wir viel mit ihnen. Sobald sie bei uns auf dem Schoß sitzen konnten, lasen wir ihnen Geschichten vor. Beide, unser Sohn und unsere Tochter, sind zu Menschen geworden, die gerne lesen. Wenn wir mit dem Auto über Land fuhren, zählten wir Kühe. (In der Stadt kann man Autos oder Gebäude zählen.) Wir erzählten den Kindern oft Erlebnisse aus unserer Kindheit, welche Spiele wir spielten und was wir sonst so machten. Als die Kinder alt genug waren, nahm Karolyn sie mit in die Stadtbücherei. Sie genossen es, kiloweise Bücher nach Hause zu schleppen, zu lesen und wenige Wochen später zurückzugeben und neue auszuleihen. (Übrigens kann man in vielen Büchereien auch Gesellschaftsspiele, DVDs oder Hörbücher ausleihen.) Es gibt unendlich viele Unternehmungen, die wenig oder nichts kosten.

Noch heute kauft sich Karolyn nur dann Kleidungsstücke, wenn sie mindestens dreimal im Preis heruntergesetzt worden sind. Sie hat einen sehr erlesenen Geschmack, bekommt aber alles zu einem günstigen Preis. Folglich frage ich sie nie, was sie ausgegeben hat, sondern eher: „Wie viel hast du heute gespart?" Die Kreativität ist unser Freund, wenn es darum geht, Kosten zu sparen.

Auch beim Geldverdienen kann man kreativ sein. Wir selbst haben so etwas nicht gemacht, aber manche Eltern bringen ihren Kindern bei, Handarbeiten und Basteleien anzufertigen, die sie auf einem Flohmarkt oder Basar verkaufen können. So erlernen die Kinder einerseits eine Fähigkeit – und andererseits erfahren sie ganz praktisch, dass man arbeiten muss, um Geld zu verdienen.

Es gibt immer mehr Seiten im Internet, auf denen man selbst angefertigte Dinge verkaufen kann. Wie gesagt: Die Kreativität ist ein Freund, der mehr Geld in die Familie bringt.

Verwalten Sie Ihre Zeit und Energie

Selbstdisziplin, Organisation und Kreativität sind nicht nur im Bereich der Finanzplanung hilfreich, sondern auch wenn es um die Einteilung unserer Zeit und unserer Energie geht. Viele junge Eltern ahnen nicht, wie wenig Zeit sie noch für sich selbst haben werden, sobald ihr süßes Neugeborenes die Bühne betritt. Und bald schon wird aus dem niedlichen Baby ein Kleinkind, das immer weniger schläft, und schließlich ein Schulkind, das zudem noch außerschulische Aktivitäten hat. Der Alltag der Eltern wird dann nicht nur von ihrer Arbeit und ihrer persönlichen Planung bestimmt, sondern sie müssen auch noch hinter ihren Kindern aufräumen, Lebensmittel und Kleider einkaufen und ihre Kinder von einem Ort zum anderen fahren.

Eltern haben ziemlich viel zu tun. Aber ich habe noch nie einen Vater oder eine Mutter sagen hören: „Ich wünschte, ich hätte weniger Zeit mit meinen Kindern verbracht." Stattdessen genießen sie die Zeit, in der sie singen, vorlesen, Geschichten nachspielen, Türme aus Bauklötzen bauen und sie wieder umwerfen, Matchbox-Autorennen veranstalten, Bilder malen, draußen spielen und noch vieles andere tun, was Kindern Spaß macht. Diese Zeit ist gut investiert und viele Eltern vermissen sie, wenn die Kinder älter sind.

Mit dieser Perspektive im Kopf ist es vielleicht einfacher, die Erziehung von Kindern als ein Privileg zu betrachten, statt darüber zu klagen, wie viel Zeit Kinder erfordern. Allerdings brauchen Sie als Eltern auch Zeit für sich, um Ihre Partnerschaft am Leben zu erhalten.

Karolyn und ich beschlossen, den Kindern eine feste Schlafenszeit vorzugeben. Als sie noch klein waren, mussten sie um sieben zu Bett gehen. Mit sechs Jahren, als die Schule losging, durften sie fünf Minuten länger aufbleiben. Jedes Jahr verschoben wir die Schlafenszeit um weitere fünf Minuten, sodass sie mit zwölf Jahren um halb acht zu Bett gingen. In der Teenager-

Mit dieser Perspektive im Kopf ist es vielleicht einfacher, die Erziehung von Kindern als ein Privileg zu betrachten, statt darüber zu klagen, wie viel Zeit Kinder erfordern.

zeit durften sie bis neun Uhr aufbleiben. Als sie dann zur weiterführenden Schule gingen, änderte sich vieles. Mit Rücksicht auf Basketballtraining, Klavierstunden und andere außerschulische Aktivitäten setzten wir uns zehn Uhr zum Ziel. Wenn die vereinbarte Zeit nahte, mussten die Kinder nicht gleich schlafen, aber sie sollten auf ihr Zimmer gehen. Dort durften sie noch lesen, bis sie müde waren. (Fernseher waren in unseren Kinderzimmern nicht erlaubt.) Auf diese Weise hatten unsere Kinder genügend Schlaf und kamen gut in der Schule zurecht. Und wir Eltern hatten jeden Abend etwas Zeit für uns.

Ich weiß, dass viele Eltern heute fragen: „Wie bekomme ich die Kinder von den modernen Medien weg?" Die Antwort ist einfach: Sie als Eltern haben die Technik in der Hand und lassen nicht zu, dass sie das Leben Ihrer Kinder bestimmt. Schaffen Sie bildschirmfreie Zonen in Ihrem Haus, erlauben Sie zum Beispiel keine Medien in den Schlafräumen. Legen Sie zeitliche Begrenzungen fest und kontrollieren Sie, was die Kinder sich anschauen. (Ausführlich gehe ich auf dieses Thema in meinem Buch *Kinderzimmer 2.0: Erziehung im digitalen Zeitalter*[6] ein.) Kinder passen sich leicht an vorgegebene Strukturen an, aber Eltern müssen Grenzen setzen.

Eltern brauchen jedoch nicht nur viel Zeit für ihre Kinder, sondern auch einiges an Kraft. Karolyn und ich haben einen recht hohen Energielevel. Durch Schlaf, Bewegung und Entspannung wird unsere Energie erneuert. Als unsere Tochter geboren war, hatten wir nicht das Gefühl, dass sie uns viel Kraft kostete. Wie bereits erwähnt schlief sie viel, sowohl nachts als auch tagsüber. Folglich konnten wir ebenfalls schlafen. Erst nach der Geburt unseres Sohnes, der Schlafen für reine Zeitverschwendung hielt, kamen wir an den Rand unserer Kräfte.

Auch hier halfen uns Selbstdisziplin, Organisation und Kreativität, um Wege zu finden, wie wir neue Energie sammeln konnten. Wir brauchten die Kraft, um mit den Kindern zu spielen, ihre und unsere Termine in den Griff zu bekommen und ihren wachsenden und sich immer wieder verändernden Bedürfnissen zu begegnen.

Der erste Schritt in der Selbstdisziplin bestand darin, uns zu überlegen, woher wir die nötige Energie beziehen konnten. Karolyns Wunsch, ganz zu Hause bei den Kindern zu sein, machte vieles einfacher für uns. Sie übernahm die Nachtschicht, sodass ich Schlaf bekam. Tagsüber legte sie sich hin, wenn die Kinder gerade schliefen. Als die Kinder älter wurden, nahm ich sie nachmittags mit in den Park, damit Karolyn etwas Zeit für sich allein hatte. Wenn ich gestresst von der Arbeit kam, hielt ich unterwegs für zehn Minuten an. Dann machte ich einen kleinen Spaziergang oder blieb einfach im Auto sitzen und entspannte mich. Das half mir, den Stress der Arbeit loszulassen und mich auf die Abenteuer vorzubereiten, die mich zu Hause erwarteten.

Wir müssen uns bewusst dafür entscheiden, wie wir unsere Zeit einteilen, damit wir die Kraft haben, unsere Ziele zu erreichen.

Wenn wir als Eltern unsere Prioritäten festgelegt haben, brauchen wir Selbstdisziplin, um das Leben so zu gestalten, dass es sich im Einklang mit diesen Prioritäten befindet. Wir müssen uns bewusst dafür entscheiden, wie wir unsere Zeit einteilen, damit wir die Kraft haben, unsere Ziele zu erreichen. Eine unserer Prioritäten bei Karolyn und mir lautete, Zeit mit den Kindern gemeinsam zu verbringen. Das bedeutete, dass wir manchmal berufliche und private Angebote oder auch vermeintliche Verpflichtungen ablehnen mussten, damit wir die Zeit dafür hatten. Die meisten Eltern würden gern mehr Zeit mit ihren Kindern und miteinander verbringen. Ohne Selbstdisziplin besteht jedoch die Gefahr, dass wir uns immer weiter überfordern und unsere Ziele dadurch nicht erreichen.

Organisation und Kreativität sind also unsere Verbündeten, wenn wir die Herausforderungen des Familienlebens meistern wollen. Die Kinder auch in die Alltagspflichten mit einzubeziehen, kann dabei manchmal hilfreich sein.

Shannon berichtet über ihre Erfahrungen damit:

Die Fußböden im Haus scheinen ständig schmutzig zu sein, sodass wir jeden Tag fegen und staubsaugen müssen. Wenn ich fege, will Presley immer die Kehrschaufel halten. In den letzten zehn Jahren habe ich nur selten das Haus gesaugt, ohne ein Kind auf dem Arm zu tragen. Für mich sind Fegen und Staubsaugen Arbeit, während es den Kindern Spaß macht. Wenn ich also sowohl die Fußböden sauber machen als auch Zeit mit den Kindern verbringen will, besteht die kreative Lösung darin, dass ich sie helfen lasse. Dauert es dadurch länger? Klar! Aber das macht nichts. Es geht ja darum, dass ich beide Ziele erreiche, indem ich die Kinder in die Hausarbeit einbeziehe.

Es gibt jedoch Situationen, so räumt Shannon ein, in denen das Multitasking nichts bringt:

Manchmal will ich meine E-Mails checken, während ich auf einer Bank beim Spielplatz sitze oder eines meiner Kinder auf dem Schoß halte. Dann schubst Presley mein Smartphone beiseite, packt meine Arme und schlingt sie sich um die Hüfte. Oder Carson fängt an, mit meinem geöffneten Laptop zu spielen, bis ich aufgebe, ihn zuklappe und mich wieder meinem Sohn zuwende. Auf diese Weise zeigen die Kinder mir klar und deutlich, dass sie meine ungeteilte Aufmerksamkeit wünschen.

Ich bin gewiss nicht der Meinung, dass es nur einen richtigen Weg gibt, sich seine Zeit einzuteilen und mit den eigenen Kräften vernünftig umzugehen. Allerdings bin ich schon davon überzeugt, dass unser Leben ohne Selbstdisziplin, Organisation und Kreativität aus dem Gleichgewicht geraten kann.

Die häufigste Beschwerde, die Shannon und ich in unserer Beratungsarbeit zu hören bekommen, lautet: „Ich habe meinen Partner an das Kind verloren. Früher haben wir gerne zusammen etwas unternommen, aber jetzt scheint es so, als ob das ‚Wir' nicht mehr wichtig ist. Alle Kraft und Energie wird nur noch auf das Baby verwendet."

Damit es gar nicht erst so weit kommt, ist jetzt der richtige Zeitpunkt, Pläne zu schmieden, wie Sie diese Falle vermeiden können. Denn wie heißt es doch so schön: „Niemand plant zu versagen, aber die meisten versagen beim Planen." Mehr zum Thema, wie Sie Ihre Ehe am Leben erhalten, finden Sie in Kapitel 11.

Die Frage lautet also: Wie können Sie Ihr Leben so organisieren, dass Sie Zeit, Energie und Geld haben, um eine gute Ehe zu führen, Ihre persönlichen Bedürfnisse zu erfüllen und gute Eltern zu sein? Das klingt jetzt fast unmöglich – aber denken Sie daran, dass Eltern schon seit Tausenden von Jahren Kinder großgezogen haben. Bei all den technologischen Veränderungen, die wir in unserer Zeit erleben, sollte man meinen, dass das Leben einfacher geworden ist. In Wirklichkeit kann die Technologie unser Leben noch stressiger machen. Ich bin aber sicher, dass Sie, wenn Sie sich dieses Problems bewusst sind, mithilfe von Selbstdisziplin, Organisation und Kreativität auch das in den Griff bekommen können. Die Zeit, die Energie und das Geld, die Sie für Ihre Ehe, Ihre Kinder und Ihre körperliche, seelische und geistliche Gesundheit aufbringen, ist jedenfalls gut investiert.

Jetzt mal ehrlich

Fragen zum Nachdenken und Diskutieren

1. Waren Sie geschockt, frustriert, erstaunt oder positiv überrascht, als Sie erfuhren, wie viel Geld ein Kind von der Geburt bis zum 18. Lebensjahr kostet?

2. Versuchen Sie bereits jetzt, nicht über Ihre Verhältnisse zu leben? Und wenn ja, wie erfolgreich waren Sie bisher damit?

3. Haben Sie Schulden? Wenn ja, wie hoch sind diese und welche Pläne haben Sie für die Tilgung? Dazu gehören zum Beispiel auch Darlehen für die Ausbildung oder das Studium. Denken Sie daran, wenn Sie Ihr Budget erstellen.

4. Sparen Sie zehn Prozent Ihres Einkommens an? Wenn nicht, welche Schritte können Sie unternehmen, um das zu verwirklichen?

5. Haben Sie einen schriftlichen Plan (ein Budget), der die wichtigsten Einnahmen und Ausgaben aufweist? Wis-

sen Sie, wie viel Sie für Essen, Kleidung, Freizeit, Sparen, Spenden usw. ausgeben? Wenn nicht, schlage ich vor, dass Sie gleich heute damit anfangen und sich notieren, wofür Sie in diesem Monat Ihr Geld ausgegeben haben.

6. Wie diszipliniert sind Sie und Ihr Partner darin, einen Plan im Umgang mit Ihrem Geld umzusetzen, wenn Sie sich darauf geeinigt haben? Motiviert Sie der Gedanke an ein Kind, in dieser Hinsicht disziplinierter zu sein?

7. Welche kreativen Ideen haben Sie, um mit weniger Geld auszukommen?

8. Sind Sie offen dafür, weitere kreative Ideen zu entwickeln, um mehr aus Ihrem Geld zu machen? Vielleicht denken Sie einmal über die Vorschläge in diesem Kapitel nach oder Sie informieren sich im Internet oder sprechen mit anderen Paaren darüber, was diese als hilfreich empfunden haben.

Wenn ich das nur gewusst hätte …

Kein Kind ist wie das andere

Wir wussten zwar, dass jedes Kind einzigartig ist, aber auf die Versuchung, unser Kind mit anderen zu vergleichen, fielen wir trotzdem oft genug herein. Natürlich war uns klar, dass unsere Tochter schöner war als alle anderen. Wir vermuteten auch, dass sie klüger war. Und wir hatten uns fest vorgenommen, vorbildliche Eltern zu sein. Unser Problem war: Wir hatten keine Bücher über Kindererziehung gelesen und auch keine entsprechenden Seminare besucht. Deshalb besaßen wir nur vage Vorstellungen vom Elternsein. Also sprachen wir mit anderen Eltern über ihre Kinder und erfuhren, was es für sie bedeutete, gute Eltern zu sein. Bald schon merkten wir, dass wir auf diese Weise sehr widersprüchliche Ratschläge erhielten, denn die Freunde, die wir fragten, hatten sehr unterschiedliche Vorstellungen über Kindererziehung. Und wir entdeckten auch, dass jedes Kind anders ist.

Das eigene Kind mit anderen zu vergleichen, ist also nicht besonders hilfreich. Durch das Vergleichen geraten wir in eine Falle, die unnötige emotionale Probleme bei uns Eltern hervorrufen kann. Doch wir erhalten nicht nur von anderen Elternpaaren widersprüchliche Ratschläge, sondern müssen oft auch feststellen, dass wir als Paar ganz verschiedene Vorstellungen davon haben, wie wir mit unseren Kindern umgehen sollen. Darum ist es so wichtig, dass wir hier offen und einfühlsam miteinander reden. Wir müssen einander als Freunde zuhören, die im selben Team spielen, und nicht als Gegner.

Manchmal vergleichen wir unser Kind nicht nur mit Kindern in anderen Familien, sondern auch mit dessen Geschwistern. Das ist den Kindern gegenüber unfair und für uns Eltern ist es frustrierend. Je früher wir begreifen, dass kein Kind wie das andere ist und wir sie deshalb nicht zwingen dürfen, gleich zu denken und zu handeln, desto eher sind wir auf dem Weg, uns zu guten Eltern zu entwickeln.

Zu groß? Zu klein?

Schauen wir uns einmal an, in welchen Bereichen Kinder einzigartig sind. Was sind die ersten Informationen, die wir unserer Familie und Freunden nach der Geburt unseres Kindes zukommen lassen?

„Es ist ein Mädchen. Sie ist 53 Zentimeter groß und wiegt 3350 Gramm."

Und welche Antwort erhalten wir daraufhin?

„Oh, das ist fast wie bei unserer Tochter. Sie war 52 Zentimeter groß und wog 3220 Gramm."

Eine solche Unterhaltung findet natürlich zwischen zwei Müttern statt. Die Väter sagen nur: „Es ist ein Mädchen und sie ist gesund."

Größe und Gewicht sind die ersten Vergleiche, die wir anstellen. Besorgte Mütter und Väter fragen sich: *Was ist das normale Geburtsgewicht für ein Baby?*

Gegen diese Frage ist an sich nichts einzuwenden, aber Tatsache ist, dass das „Normalgewicht" ein breites Spektrum umfasst. Es variiert nämlich zwischen zweieinhalb und viereinhalb Kilogramm. 95 Prozent aller Neugeborenen fallen in diesen Bereich. Und selbst wenn Ihr Kind tatsächlich mehr oder weniger wiegt, be-

Größe und Gewicht sind die ersten Vergleiche, die wir anstellen.

deutet das nicht unbedingt, dass es ein großes Problem gibt, sondern dass das Baby vielleicht nur eine besondere Betreuung braucht. Hier helfen Kinderärzte, Hebammen und Kinderkrankenschwestern weiter.

Ein Kind verliert gewöhnlich in den ersten Tagen nach der Geburt fünf bis zehn Prozent an Körpergewicht. Doch kein Grund zur Panik, das ist ganz normal. Karolyn und ich wussten das nicht und machten uns Sorgen. Hätte man uns das vorher gesagt, hätten wir uns die verzweifelten Anrufe beim Kinderarzt sparen können. Viele Kinder haben zwischen dem siebten und zehnten Tag nach der Geburt einen Wachstumsschub, ebenso wieder im Alter von drei Wochen und sechs Wochen. Dann braucht das Baby möglicherweise zusätzliche Mahlzeiten oder es trinkt länger. Wenn die Eltern das nicht wissen, fragen sie sich besorgt: *Was ist bloß mit meinem Kind los?* Aber auch hier gilt: Vergleichen zählt nicht. Legen Sie mich jetzt bitte nicht auf die genaue Woche fest; denn natürlich gibt es auch hier Unterschiede. Jedes Kind ist eben anders! Wenn das Kind älter wird, können Größe oder Gewicht weiterhin Anlass zur Sorge geben. Manche Eltern sind besorgt, weil ihr Sohn kleiner ist als die anderen Kinder im Kindergarten. Sie fürchten, er könnte gemobbt oder einfach übersehen werden oder er könnte sich wegen seiner Größe minderwertig fühlen. Andere Eltern wiederum machen sich Gedanken, weil ihr Sohn überdurchschnittlich groß ist. Sie fragen sich, ob er vielleicht in die Schublade eines tollen Athleten gesteckt wird, obwohl er das gar nicht ist.

Dann gibt es auch Eltern, die Figur oder Gewicht ihres Kindes mit anderen Kindern vergleichen und Bedenken haben, dass es zu dick oder zu dünn sein könnte. Sie fürchten, dass ihr Sohn oder ihre Tochter deshalb Minderwertigkeitsgefühle entwickelt. Solche Sorgen tauchen oft schon auf, wenn das Kind im Säuglingsalter ist, und können sich über die ganze Kindheit erstrecken, während der Körper sich verändert.

Bei Problemen im Zusammenhang mit der Größe oder dem Gewicht kann es gut sein, wenn Sie sich medizinischen und therapeutischen Rat einholen, damit Sie besser informiert sind und beruhigt sein können. Unnötige Sorgen werden auf diese Weise ausgeräumt. Und wo es tatsächlich Anlass zur Sorge gibt, erhalten Sie Hinweise, wie Sie Ihrem Kind helfen können, die Probleme zu bewältigen.

Eine positive Einstellung und ein gelassener Umgang mit Größen- oder Gewichtsproblemen reduzieren nicht nur den Stress der Eltern, sondern fördern auch das Selbstwertgefühl der Kinder und ihre Fähigkeit, Probleme zu lösen.

Wählerische Esser

Ein weiterer Bereich, in dem jedes Kind einzigartig ist, betrifft die Essgewohnheiten. Wie oben bereits erwähnt sind Gewichtsverluste und Wachstumsschübe in den ersten Lebenswochen allgemein verbreitet. Wenn das Kind älter wird und allmählich das essen kann, was wir „Babynahrung" nennen, werden die Besonderheiten jedes einzelnen Kindes noch deutlicher. Manche Kinder interessieren sich schon von klein auf für verschiedene Nahrungsmittel, während andere eher kritisch und wählerisch sind. Ich weiß noch, wie unser Sohn das Gesicht verzog und den Löffel wegschob, auf dem sich grüne Bohnen befanden. Apfelmus dagegen mochte er gern.

Shannon erzählte mir, dass ihre Großmutter Erdnussbutter- und Bananensandwiches zu Familientreffen mitnahm, weil sie wusste, dass ihre Tochter (Shannons Mutter) sonst nichts essen würde. Ich muss gestehen, dass auch ich als Kind Erdnussbutter- und Marmeladenbrote liebte. Auch Bananen liebte ich, wenn es welche gab.

Über ihre eigenen Kinder sagt Shannon:

Avery war sehr wählerisch, bis er ungefähr acht Jahre alt war. Dann wurde er allmählich offener für neues Essen. Carson ist weiterhin kritisch, sein Lieblingsessen sind Erdnussbutter-Sandwiches mit Milch. Wir freuen uns, dass er sich gerade für ein paar neue Favoriten interessiert: Brokkoli und Mais. Presley scheint bisher für eine große Bandbreite an Nahrungsmitteln offen zu sein, also haben wir mit ihr auf diesem Gebiet weniger Auseinandersetzungen als mit ihren Brüdern.

Wenn wir ehrlich sind, gibt es auch bei uns Erwachsenen Lebensmittel, die wir nicht mögen und nur selten oder nie zu uns nehmen. Ich

Jeder Mensch ist einzigartig, wenn es um Essgewohnheiten geht.

möchte hier nicht aufzählen, was ich alles nicht mag, denn es könnte ja Ihr Lieblingsessen darunter sein. Jeder Mensch ist einzigartig, wenn es um Essgewohnheiten geht. Unser Enkel, der bald erwachsen ist, mag immer noch keinen Käse, es sei denn auf Pizza.

Was sollen wir als Eltern also tun? Mein Vorschlag lautet, dass Sie Ihren Kindern eine Vielzahl an Lebensmitteln anbieten, sie aber nicht zwingen, etwas zu essen, das sie nicht mögen. Dass sie einen kleinen Bissen probieren, ist in Ordnung, aber stopfen Sie nicht das ganze Gläschen Babynahrung in Ihr Kind hinein, wenn es jeden Bissen hinunterwürgen muss. Halten Sie Ihrem Kind nicht vor, dass sein Bruder oder seine Schwester gerne Brokkoli isst, wenn es dieses Essen nicht mag. Sie finden sicherlich genug andere Möglichkeiten, wie Sie Ihr Kind gesund ernähren können. Akzeptieren Sie die Tatsache, dass Kinder auch in ihren Essensvorlieben einzigartig sind.

Gibt es die „richtige" Menge Schlaf?

Ein dritter Bereich, in dem jeder Mensch anders ist, sind die Schlafgewohnheiten. Zwar haben alle Kinder Schlaf nötig, aber wie viel sie davon brauchen und wann – darin kann es von Kind zu Kind große Unterschiede geben. Unsere Tochter schlief achtzehn Stunden pro Tag. Ich machte mir schon Sorgen, dass sie nicht genügend körperliche und geistige Anregungen bekommen könnte. Ich wusste damals noch nicht, dass Neugeborene zwischen elf und achtzehn Stunden pro Tag schlafen. Wenn mir das doch nur jemand gesagt hätte, bevor sie geboren wurde! Das hätte mir viele Ängste erspart.

> *Zwar haben alle Kinder Schlaf nötig, aber wie viel sie davon brauchen und wann – darin kann es von Kind zu Kind große Unterschiede geben.*

Im Säuglingsalter ist Schlaf die Hauptaktivität des Gehirns. In den ersten Monaten schläft ein Baby zu allen Tages- und Nachtzeiten und der Schlaf-wach-Rhythmus steht in enger Verbindung mit dem Bedürfnis nach Nahrung und einer frischen Windel. Erst im Alter von etwa sechs Wochen beginnt sich das Ganze einzupendeln und mit drei bis sechs Monaten haben die meisten Babys einen regelmäßigen Schlaf-wach-

Rhythmus. Dieser kann jedoch von Kind zu Kind sehr unterschiedlich sein.

Beobachten Sie Ihr Baby genau, um sein Schlafmuster sowie die ersten Anzeichen von Müdigkeit zu erkennen. Manche Babys weinen, wenn sie müde sind, andere reiben sich die Augen. Die meisten Kinderärzte empfehlen, das Kind ins Bett zu legen, wenn man sieht, dass es schläfrig ist – und nicht erst, wenn es schon eingeschlafen ist. So lernen Säuglinge, von alleine einzuschlafen. Das ist wichtig, damit es ihnen dann auch gelingt, wenn sie nachts aufwachen.

Mit drei bis sechs Monaten ist auch der richtige Zeitpunkt, Einschlafrituale einzuführen. Aktivitäten wie zum Beispiel baden, vorlesen, singen und beten, die immer in derselben Reihenfolge stattfinden, bereiten das Kind auf die Schlafenszeit vor. Das Kind bringt diese Rituale automatisch mit dem Schlafen in Verbindung. Der feste Ablauf hilft ihm, sich zu entspannen und schließlich einzudösen.

Im Alter von sechs Monaten schlafen manche Babys bereits durch und müssen nachts nicht mehr gestillt werden. Siebzig bis achtzig Prozent der Kinder schaffen das allerdings erst mit neun Monaten oder später. Doch auch wenn das Kind nachts keine Nahrung mehr braucht, heißt das nicht unbedingt, dass es durchschläft. Machen Sie sich also keine Sorgen, wenn es bei Ihnen anders läuft.

Shannon berichtet:

Keines unserer Kinder schlief durch, bevor es etwa drei Jahre alt war. Vielleicht hätten wir vorher wissen können, dass so etwas möglich ist, aber wir wussten es einfach nicht und waren dementsprechend geschockt und genervt. Wir informierten uns bei verschiedenen Quellen und versuchten mit mäßigem Erfolg, die Ess- und Schlafgewohnheiten zu verändern. Manchmal machten wir Fortschritte – doch am Ende mussten wir die Tatsache akzeptieren, dass unruhige Nächte einfach zum Elternsein dazugehören; zumindest bei uns. Am hilfreichsten war für uns wahrscheinlich die Erkenntnis, dass auch bei vielen befreundeten Familien die Kinder nicht immer nachts durchschliefen.

Wahrscheinlich ist das eine der ersten Herausforderungen, der sich frischgebackene Eltern stellen müssen: Die ruhigen Nächte sind vorerst einmal Geschichte. Bereits nach zwei Tagen mit dem Neugeborenen zu Hause leiden sie unter Schlafentzug und hoffen, dass bald wieder ruhigere Nächte einkehren werden, wenn das Baby sich erst einmal an das Leben in der rauen Wirklichkeit gewöhnt hat. Dann aber erkennen die Neu-Eltern, dass sich ihre Hoffnungen nicht so schnell erfüllen werden, weil das Kind auch nachts Nahrung braucht.

Wenn die Mutter stillt, geht die „Nachtschicht" natürlich an sie. Als Mann können Sie aber Ihrer Partnerin helfen, indem Sie ihr zu einem anderen Zeitpunkt Arbeit abnehmen, damit sie den dringend benötigten Schlaf nachholen kann. Wenn das Kind nachts nicht mehr gestillt werden muss, es aber trotzdem aufwacht und Zuwendung braucht, sollten Sie als Eltern sich abwechseln. Bei zwei kleinen Kindern kann es nötig sein, dass jeder Elternteil sich um eines kümmert. Wenn Ihr Kind aufwacht und anhaltend weint, müssen Sie reagieren. Das Baby könnte Hunger haben oder frieren, es könnte nass oder sogar krank sein. Die nächtliche Routine des Fütterns und Wickelns sollte so schnell und so leise wie möglich über die Bühne gehen. Schalten Sie kein grelles Licht ein, sprechen Sie nicht laut mit dem Kind und spielen Sie nicht mit ihm. Die Nacht ist zum Schlafen da. Wenn Sie so auf die Bedürfnisse Ihres Kindes eingehen, lernt es daraus, dass Sie bereit sind, ihm in jeder Situation zu helfen, und es entsteht eine enge emotionale Bindung zwischen Ihnen und Ihrem Kind. Ja, jedes Kind hat andere Schlafgewohnheiten – und wir Eltern übrigens auch! Es ist eine große Herausforderung zu lernen, wie wir uns als Paar gegenseitig unterstützen können, damit jeder genügend Schlaf bekommt. Es ist aber unbedingt notwendig, dass wir unsere Bedürfnisse äußern und auf die Bedürfnisse des anderen Rücksicht nehmen, wenn wir alle gesund bleiben wollen. Keiner kann sich voll und ganz für die Familie oder den Beruf einsetzen, wenn er nicht ausreichend geschlafen hat.

Ist mein Kind zu häufig krank?

Ein vierter Bereich, in dem sich Kinder sehr unterscheiden, ist die körperliche Gesundheit. Manche Kinder werden oft krank und haben anscheinend ständig mit Allergien, Viren, Erkältungen, Ohrenschmerzen usw. zu kämpfen. Andere Kinder zeigen kaum jemals Symptome. Es ist eine unbestrittene Tatsache, dass einige Kinder ein stärkeres Immunsystem haben als andere, aber alle werden von Zeit zu Zeit krank.

Shannon gibt uns ein paar Erfahrungen weiter, die gar nicht so ungewöhnlich sind:

Bevor Stephen und ich selbst Eltern wurden, hatten wir keine Ahnung, wie oft Kinder sich erbrechen (ich weiß, dass ist kein appetitliches Thema). Wir haben schon so ziemlich überall Erbrochenes beseitigt: auf dem Bett, im Auto, am Pool und in zahllosen Restaurants. Und dabei handelt es sich um ein ganz „normales" Erbrechen, das nicht durch eine Erkrankung ausgelöst wurde.

Schätzen Sie sich glücklich, wenn das bei Ihrem Kind anders ist! Kinder sind einfach einzigartig.

Es ist nie angenehm, sein Kind leiden zu sehen. Und zusätzlich wirkt sich die Krankheit auch auf Beruf und Schule aus, was uns Eltern weiteren Stress verursacht. Wenn ein Kind krank ist, kann der normale Alltag nicht einfach so weitergehen. Darum ist es wichtig, dass Sie sich als Eltern schon vorher überlegen, wer sich um das Kind kümmert, wenn es krank wird. Doch lassen Sie sich trösten: Die meisten Kinderkrankheiten gehen bald vorbei und können durch Medikamente und Ruhe geheilt werden.

Das gilt jedoch nicht für Kinder mit schweren Allergien oder chronischen Erkrankungen. Kinder, die mit solchen Problemen zu tun haben, brauchen professionelle medizinische Hilfe. In diesen Situationen kommt es bei manchen Eltern zusätzlich zur Sorge um ihr Kind auch zu Schuld- und Schamgefühlen, zu Wut, Depressionen und anderen Emotionen. Solche Gefühle können am besten dadurch verarbeitet werden, indem Sie sie mit anderen teilen. Ansprechpartner können die erweiterte Familie sein, enge Freunde, Seelsorger oder Therapeuten. Ohne die Unterstützung und die Liebe anderer Menschen können Sie als Eltern sich nicht effektiv um Ihre Kinder kümmern. Seien Sie weise und suchen Sie Hilfe!

Kleine Temperamentsbündel

Einer der auffallendsten Unterschiede zwischen Kindern ist ihre Persönlichkeit beziehungsweise ihr Temperament. Mit „Persönlichkeit" meine ich die Art und Weise, wie wir das Leben angehen. Zum Beispiel sagen wir manchmal über ein Kind, es habe einen „starken Willen" oder es sei „ganz gelassen". Diese Eigenschaften kann man schon früh im Leben eines Kindes erkennen und sie werden auch durch das Umfeld stark beeinflusst. Und ja – auch in diesem Punkt ist jedes Kind einzigartig. Es gibt jedoch bestimmte Verhaltensweisen, die man häufig bei Kindern beobachten kann. Wir werden uns ein paar davon ansehen:

Da ist zum Ersten der *Aktivitätslevel*. Manche Babys und Kinder sind handlungsorientiert. Wenn sie wach sind, sind sie immer in Bewegung. Sie wollen die Welt erkunden, erst durch Krabbeln, dann durch Rennen und Klettern. In der Wiege greifen sie nach dem Mobile und bewegen ständig ihre Arme. Andere Kinder dagegen sitzen zufrieden da und spielen leise. Sie erkunden die Welt durch das, was sie sehen und hören. Sie sind nicht ständig in Bewegung. Wenn sie älter werden, lesen sie lieber ein Buch (wenn man sie mit Büchern vertraut gemacht hat), als im Garten zu spielen. Wenn die Eltern sehr aktive Menschen sind, kann es frustrierend oder unverständlich für sie sein, dass ihr Kind lieber liest, als das Klettergerüst zu erklimmen.

Die zweite Kategorie ist die *Intensität der Reaktion*. Manche Kinder bringen ihre Gefühle laut und deutlich zum Ausdruck. Sie empfinden alles sehr intensiv. Wenn sie glücklich sind, lachen sie so heftig und laut, dass man sich fragt, ob sie womöglich einmal Opernsänger werden. Wenn sie traurig oder wütend sind, schreien sie, werfen mit Gegenständen um sich oder schlagen andere. In den Augen der Eltern scheinen sie wegen jeder Kleinigkeit viel zu heftig zu reagieren. Kinder am anderen Ende der Skala sind dagegen gelassen und ruhig, regen sich selten auf und schlafen überdurchschnittlich viel. Sie haben zwar auch Gefühle, bringen sie aber nicht so deutlich zum Ausdruck.

Die dritte Kategorie ist die *Ausdauer*, die Aufmerksamkeitsspanne. Kinder, die ausdauernd sind, geben nicht auf, bis sie ihr Ziel erreicht haben. Kinder mit einer kürzeren Aufmerksamkeitsspanne geben eher auf und suchen sich eine andere Beschäftigung.

Punkt vier ist die *Reaktion auf fremde Menschen*. Wir wünschen uns, dass unsere Kinder höflich und nett sind, wenn sie neue Menschen kennenlernen. Aber manche Kinder wirken bei solchen Gelegenheiten wie versteinert und ihr Blick ist ein einziges Fragezeichen. Es gibt Kleinkinder, die lächeln und sogar die Hand geben, aber andere verstecken sich lieber hinter ihren Eltern, statt mit fremden Leuten in Kontakt zu treten.

Die letzte Kategorie ist die *Anpassungsfähigkeit*, die Reaktion auf Veränderungen. Mancher Dreijährige saust schon am ersten Tag in den Kindergarten und schließt sich, ohne zu zögern, den übrigen Kindern beim Spielen an. Ein anderer schluchzt monatelang jeden Morgen und will die Hand der Eltern nicht loslassen. Manche Kinder fühlen sich im Restaurant sofort wohl, während andere weinen und nichts essen wollen. Einige machen ein Riesentheater, wenn man ihnen sagt, dass sie mit dem Spielen aufhören oder den Fernseher abschalten sollen. Andere passen sich schnell an und wenden sich dem zu, was als Nächstes kommt.

Ich könnte diese Beispiele noch lange fortsetzen, aber ich denke, Sie wissen, worauf ich hinauswill: Jedes Kind hat eine andere, individuelle Persönlichkeit. Als werdende Eltern machen wir uns darüber im Allgemeinen nicht viele Gedanken. Wenn das Baby da ist, küssen wir seinen flauschigen Kopf. Nie im Leben könnten wir uns vorstellen, dass wir in wenigen Jahren heftig mit diesem Engelchen schimpfen werden, weil es die Tapete mit Buntstiften angemalt hat!

> *Wenn wir aber über die Tatsache nachdenken, dass Kinder tatsächlich unterschiedliche Persönlichkeiten haben, dann hilft uns das, das Verhalten unseres Kindes zu verstehen.*

Wenn wir aber über die Tatsache nachdenken, dass Kinder tatsächlich unterschiedliche Persönlichkeiten haben, dann hilft uns das, das Verhalten unseres Kindes zu verstehen. Natürlich entbindet uns das nicht von unserer Verantwortung, unsere Kinder zu erziehen und ihnen etwas beizubringen.

Aber wir können auf diese Weise leichter nachvollziehen, dass es für einige Kinder schwieriger ist, positiv auf fremde Menschen zu reagieren, eine Aufgabe zu Ende zu bringen oder in der Kirche stillzusitzen.

Es ist normal, wenn Eltern sich wünschen, dass ihre Kinder ein bisschen anders wären, vielleicht etwas kontaktfreudiger oder nicht so wild. Durch Erziehung können Sie das Temperament zwar beeinflussen, es aber nicht von Grund auf verändern. Und denken Sie kurz über Folgendes nach: Wir Eltern haben manchmal gerade deshalb Probleme mit bestimmten Charakterzügen unserer Kinder, weil wir

Es hilft vielleicht, wenn wir uns klarmachen: Manche Charakterzüge, die uns an unserem Kind stören, könnten ihm im Erwachsenenalter nützlich sein.

dadurch an unsere eigenen Charaktereigenschaften erinnert werden, die wir nicht mögen und gern ändern würden. Oder wir finden das Verhalten des Kindes peinlich, weil es uns – unserer Meinung nach – als Eltern schlecht aussehen lässt.

Es hilft vielleicht, wenn wir uns klarmachen: Manche Charakterzüge, die uns an unserem Kind stören, könnten ihm im Erwachsenenalter nützlich sein. Zum Beispiel werden Kinder, die sehr intensiv reagieren, oft zu engagierten und kreativen Erwachsenen. Sie können zu Führungspersönlichkeiten werden, die Dinge anpacken und zum Erfolg bringen. Kinder, die sich auf fremde Menschen oder neue Situationen nicht so schnell einlassen können, können zu nachdenklichen, fürsorglichen Erwachsenen heranwachsen, die Mitgefühl mit anderen empfinden und ausgezeichnete Arbeit in sozialen Berufen, z.B. als Therapeut, Erzieher oder im Pflegebereich, leisten.

Unser Sohn und unsere Tochter waren in jeder Hinsicht verschieden. Ich wünschte, ich hätte gewusst, *wie* unterschiedlich Geschwisterkinder sein können, bevor wir Eltern wurden. Vielleicht hätte ich dann nicht so sehr versucht, meinen Sohn in das gleiche Schema zu pressen wie meine Tochter. Irgendwann aber lernten wir die Unterschiede schätzen. Und jetzt, wo die zwei erwachsen sind, sind wir auf beide gleichermaßen stolz. Jeder von ihnen hat seinen ganz eigenen und einzigartigen Charakter entwickelt und seinen Platz in der Welt gefunden.

Ich hoffe, dass Ihnen dieses Kapitel dabei hilft, aus der „Vergleichsfalle" herauszukommen bzw. gar nicht erst hineinzutappen. Ihr Kind ist eine einzigartige Schöpfung Gottes – vergleichen Sie es nicht mit seinen Geschwistern, Kusinen, Freundinnen oder anderen Kindern.

Jetzt mal ehrlich

Fragen zum Nachdenken und Diskutieren

1. Sind Sie mit Geschwistern aufgewachsen? Wenn ja, wie unterscheiden Sie sich von Ihren Brüdern und Schwestern?

2. Haben Ihre Eltern Sie und Ihre Geschwister manchmal miteinander verglichen? Welche Gefühle löste das bei Ihnen aus?

3. Haben Sie sich als Kind manchmal mit Gleichaltrigen verglichen? Wie sahen diese Vergleiche aus? Half das Vergleichen Ihrem Selbstwertgefühl oder wurde es dadurch geschädigt?

4. Gab es Lebensmittel oder Gerichte, die Sie als Kind nicht mochten? Wie gingen Ihre Eltern mit Ihren besonderen Vorlieben und Abneigungen um? War ihre Reaktion hilfreich für Sie?

5. Haben Ihre Eltern schon einmal mit Ihnen über Ihre Schlafgewohnheiten als Kind gesprochen?

6. Was können Sie daraus lernen, dass Ihre Eltern Sie mit anderen Kindern verglichen oder nicht verglichen haben?

7. Sind Sie bereit, Ihr Kind in den verschiedenen Bereichen, die in diesem Kapitel beschrieben wurden, als einzigartig anzunehmen?

8. Sprechen Sie als Paar miteinander über die folgende Aussage und überlegen Sie, ob Sie sich darauf einigen können: „Wir möchten unser Kind so annehmen, wie es ist, und es nicht mit anderen Kindern vergleichen. Wir möchten ihm auch nicht unsere Vorstellungen von einem perfekten Kind überstülpen."

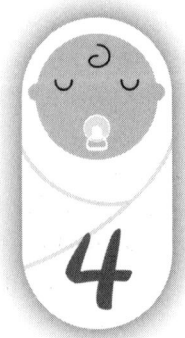

Wenn ich das nur gewusst hätte ...

„Töpfchentraining" ist gar nicht so einfach

Ich muss gestehen: Bevor wir selbst Eltern wurden, hatte ich niemals in meinem Leben einen Gedanken an die große Herausforderung verwendet, wie man ein Kind an den Topf gewöhnt. Mir war zwar bewusst, dass Kinder nicht für immer Windeln tragen, aber ich hatte keine Ahnung, wie oder wann sie den Übergang schaffen bzw. dass das nicht automatisch irgendwann geschieht.

Doch nachdem ich bei unserer Tochter ein paar Mal die Windeln gewechselt hatte, fragte ich meine Frau: „Wie lange müssen wir das eigentlich machen? Wann lernen Kinder, aufs Töpfchen zu gehen? Und wie bringt man ihnen das bei?" Die Realität holte mich ein, als ich entdeckte, dass Töpfchentraining gar nicht so einfach ist.

Ich hoffe, dieses Kapitel wird Ihnen helfen, besser vorbereitet zu sein als ich. Shannon und ich raten den Klienten in unserer Beratungsstelle, dass sie als Eltern sich zunächst einmal selbst auf diesen Prozess einstellen. Ein wichtiger erster Schritt besteht darin zu erkennen, dass sich Ihre Sicht und die Ihres Kindes sehr unterscheiden.

Eltern finden den Übergangsprozess von Windeln zum Töpfchen oder zur Toilette wünschenswert und ganz einfach. Sie sagen zu ihrem Kind: „Du willst doch jetzt keine nassen Windeln mehr tragen, wo du doch schon ein so großer Junge bist, oder? Du schaffst es, also lass es uns versuchen."

Das Kind jedoch ist vielleicht beunruhigt und unsicher bei dem Gedanken, auf einer Toilette zu sitzen. Es denkt sich: *Du verlangst* was *von mir? Ich bin doch richtig gut darin, meine Windeln schmutzig zu machen. Und jetzt soll ich mich auf das da draufsetzen? Ich könnte doch reinfallen!*

> *Ein wichtiger erster Schritt besteht darin zu erkennen, dass sich Ihre Sicht und die Ihres Kindes sehr unterscheiden.*

Wenn Sie sich in die Lage und Überlegungen Ihres Kindes hineinversetzen, gelingt es Ihnen besser, diese Übungsphase mit Ausdauer und Geduld anzugehen. Die Toilette zu benutzen, ist eine große Umstellung für Ihr Kind. Und wenn Sie wissen, wie gut sich Ihre Tochter oder Ihr Sohn Veränderungen anpassen kann – je nach Persönlichkeit mal leichter, mal schwieriger –, dann verläuft der Trainingsprozess für Sie beide viel einfacher.

Viele Eltern machen den Fehler, zu früh mit dem Topftraining zu beginnen. In ihrem Eifer, die Windelphase hinter sich zu lassen, drängen sie ihr Kind zu etwas, das es noch gar nicht kann. Wie wir schon im letzten Kapitel gehört haben: Kinder sind einzigartig. Manche sind schon mit achtzehn Monaten in der Lage, aufs Töpfchen zu gehen, andere erst, wenn sie drei

Jahre alt sind. Woher wissen wir also, wann wir damit anfangen können?

Sind Sie bereit?

Zunächst einmal beobachten Sie Ihr Kind. Es gibt verschiedene Anzeichen dafür, dass ein Kind in seiner Entwicklung an dem Punkt ist, wo das Topftraining losgehen kann. Meist beginnt es damit, dass Kinder von selbst auf ihre nasse Windel hinweisen, indem sie zum Beispiel darüber sprechen oder ihren Eltern unaufgefordert eine frische Windel bringen. Sie beginnen auch, sich für die Toilette zu interessieren, weil sie gesehen haben, dass ihre Eltern oder Geschwister sie benutzen. Manchmal stellen sie Fragen, wickeln mit Hingabe die Toilettenpapier-Rolle ab oder wollen den Spülknopf betätigen. Wenn ein Kind in seiner Entwicklung so weit ist, dass es demnächst keine Windeln mehr braucht, erkennen Eltern das auch daran, dass die Windel nach einem längeren Schläfchen am Vor- oder Nachmittag trocken ist. All diese und andere Anzeichen weisen darauf hin, dass das Topftraining beginnen kann. Wenn Eltern zu früh damit anfangen, dauert der Prozess länger und ist sowohl für sie als auch für das Kind frustrierend.

Sobald Sie festgestellt haben, dass Ihr Kind bereit ist, lautet die zweite Frage: Sind Sie bereit?

Sobald Sie festgestellt haben, dass Ihr Kind bereit ist, lautet die zweite Frage: Sind *Sie* bereit? Beginnen Sie diese Aktion nicht, wenn einer von Ihnen gerade einen neuen Job angetreten hat oder Ihr Kind eine neue Betreuungsperson bekommt. Wenn Sie in ein paar Wochen umziehen wollen, verschieben Sie das Training auf später. Sind Sie der Aufgabe körperlich, seelisch und geistig gewachsen? Denken Sie daran: Es ist nicht einfach. Vielleicht haben Sie Freunde sagen hören, sie hätten ihr Kind innerhalb von einer oder zwei Wochen an das Töpfchen gewöhnt. Darauf würde ich mich nicht verlassen. Sie werden Rückschläge erleben. Es kann sogar drei bis fünf Monate dauern, bevor Ihr Kind seine Blase und seinen Darm zuverlässig kontrollieren kann. Je jünger das Kind zu Beginn des Trainings ist, desto länger kann es dauern, bis das Ziel erreicht ist. Stellen Sie sich also auf einen Marathon ein. Und wenn das Rennen doch kürzer wird, haben Sie Grund zu feiern!

Hilfreich für den Prozess des Trockenwerdens sind sogenannte „Windelhöschen" – normale Windeln, die jedoch wie eine Unterhose ausgezogen werden können. Da es meistens ziemlich schnell gehen muss, wenn das Kind das Bedürfnis äußert, zur Toilette zu gehen, ersparen diese Höschen Ihnen wertvolle Zeit. Auch später, wenn Ihr Kind bereits eigentlich windelfrei ist, aber ein Ausflug oder eine längere Autofahrt ansteht und keine Toilette „griffbereit" ist, sind solche Windelhöschen sehr praktisch. Aber ich greife vor; jetzt geht es ja erst einmal darum, dass Ihr Kind es lernt, auf die Toilette zu gehen.

Wenn Sie und Ihr Kind startbereit sind, ist der erste Schritt der Kauf eines Töpfchens oder eines Kindersitzes für die Toilette. Wofür Sie sich entscheiden, ist Ihre Entscheidung. Manche Kinder finden es spannend, etwas Eigenes zu haben (ein eigenes Töpfchen). Andere Kinder dagegen wollen unbedingt auf die Toilette gehen, so wie sie es bei den „Großen" sehen. Wenn Sie einen Kinder-Toilettensitz kaufen, stellen Sie sicher, dass er bequem und gut befestigt ist. Sehr praktisch sind sogenannte „Familien-Toilettensitze". Das sind WC-Brillen, die zusätzlich zu dem normalen Sitz noch einen Kindersitz integriert haben. Sie montieren einfach den gesamten WC-Sitz auf Ihre Toilette und müssen sich nicht mit einem einzelnen Kindersitz herumplagen, der häufig nicht richtig passt, im ungünstigsten Moment herunterrutscht oder genau dann, wenn es so richtig schnell gehen muss, unauffindbar ist. Wenn Ihr Kind die Toilette benutzen will, brauchen Sie auch einen kleinen Hocker, damit Ihr Kind selbstständig auf- und absteigen und seine Füße abstellen kann, wenn es auf der Toilette sitzt.

Ist das Zubehör vorhanden, kann es losgehen. Aber wie? Meiner Erfahrung nach sind Bücher zu dem Thema sehr hilfreich, weil sie das Interesse Ihres Kindes wecken. Lassen Sie sich dazu am besten in einer Buchhandlung beraten oder fragen Sie Erzieherinnen oder andere Eltern um Rat. Die Bücher sollten kindgerecht geschrieben und illustriert sein. Sie werden überrascht sein, wie viele Bilderbücher es zu diesem Thema gibt. Egal ob Conni, Jakob, Leo Lausemaus, Klara … offenbar jeder der „literarischen" Freunde Ihres Kindes hat diesen Prozess schon hinter sich gebracht und minutiös festgehalten.

Wenn Ihr Kind verstanden hat, worum es geht, können Sie sein Interesse noch weiter verstärken, indem Sie ihm gestatten, die Toilettenspülung zu bedienen. Kinder interessieren sich meistens schon für die Spülung, bevor sie das WC selbst benutzen.

Zeit zum Hinsetzen!

Irgendwann kommt dann der Punkt, an dem die Eltern das Kind dazu ermutigen sollten, sich auf das Töpfchen oder den Toilettensitz zu setzen. Manche Kinderärzte empfehlen, dass das Kind beim ersten Mal noch die Kleider anbehält. Es soll zunächst einmal lernen, bequem zu sitzen. Danach setzt es sich ohne Windel oder Kleidung auf den Sitz. Sollte das Kind sich strikt weigern, ist es besser, noch eine Weile zu warten und es dann wieder zu versuchen. Ein Machtkampf mit dem Kind behindert diesen Prozess nur.

Manche Eltern benutzen auch das Lieblingsstofftier des Kindes als Vorbild. Sie setzen es auf sein eigenes „Töpfchen", während das Kind auf seinem Topf sitzt. So machen das Kind und sein Spielgefährte etwas gemeinsam.

Ihrem Kind Unterwäsche für „große Jungs" oder „große Mädchen" zu kaufen, kann ebenfalls eine tolle Motivation sein. Auch hier gibt es Auswahl in rauen Mengen und unzählige Motive, gerne auch mit Figuren, die den Kindern schon vertraut sind. „Du darfst diese Unterhose mit Elsa und Anna / Cars / Spongebob / den Minions / den süßen Kätzchen darauf anziehen, wenn du lernst, auf dem Töpfchen zu sitzen", kann für Ihr Kind ein sehr wirksamer Anreiz sein.

Machen Sie den Toilettengang zur Routine, indem Sie Ihr Kind immer zu bestimmten Zeiten auf dem Topf sitzen lassen. Auch wenn die Bemühungen anfangs noch nicht von Erfolg gekrönt sind, lernt das Kind, dass der Toilettengang einfach zum Leben dazugehört. Manche Eltern lassen ihr Kind währenddessen ein Bilderbuch anschauen, das sich ebenfalls mit diesem Thema beschäftigt – siehe oben.

Wenn das Kind auch ohne Windel auf dem Töpfchen keinen Erfolg hat, gehen manche Eltern dazu über, das Kind ohne Windel spielen zu lassen. Häufig gehen die Kinder dann von selbst zur Toilette, wenn sie merken, dass ihre Blase voll ist. Wenn sie dann einmal mit Erfolg die Toilette benutzt haben, ist der erste Meilenstein geschafft. Der zweite Meilenstein ist das große Geschäft. Wenn auch das auf der Toilette erledigt wird, sind Sie auf einem guten Weg. Erwarten Sie jedoch keine Perfektion. „Auf dem Weg zu sein" ist nicht dasselbe wie die Ziellinie zu überqueren. Es gibt immer wieder Rückschläge und kleine Verschmutzungen, die aufgewischt werden müssen, aber Tag für Tag, Woche für Woche und manchmal auch Monat für Monat steigt die Erfolgsrate Ihres Kindes.

Auch nachts windelfrei?

Wenn Ihr Kind tagsüber alles unter Kontrolle hat, ist es Zeit, über das nächtliche Trockenwerden nachzudenken. Ich möchte Sie nicht frustrieren, aber das könnte noch länger dauern. Es hängt vieles davon ab, wie tief Ihr Kind schläft und wie gut seine Blase den Urin halten kann. Sie können es zunächst ein paar Nächte ohne Windel versuchen (schützen Sie aber vorher die Matratze mit einer extra Auflage). Wenn das nicht klappt, kehren Sie zu den Windeln zurück. Erklären Sie Ihrem Kind, dass es noch nicht ganz bereit dafür ist, Sie es aber in etwa einem Monat wieder gemeinsam versuchen werden.

Ratsam ist es auf jeden Fall, dass Ihr Kind vor dem Schlafengehen noch einmal die Toilette benutzt. Außerdem kann es hilfreich sein, die Trinkmenge vor dem Schlafen zu begrenzen. Wenn dann trotzdem noch etwas danebengeht, ist das kein Grund zur Sorge. Kinderärzte sagen, dass manche Kinder noch monate- oder sogar jahrelang nachts einnässen. Ich weiß, Sie hoffen, dass Ihr Kind nicht dazugehört, aber dieses Problem ist zumindest nicht unnormal.

Eine gesunde Einstellung und die besten Methoden

Shannon und ich möchten Ihnen gerne ein paar Tipps geben, mit welcher inneren Einstellung und mit welchen Methoden Ihnen das Topftraining am besten gelingt. Auch mit diesen Tipps wird es kein einfaches Vorhaben, aber wir sind überzeugt, dass die folgenden Vorschläge Ihnen helfen werden:

Schrauben Sie Ihre Erwartungen an Ihr Kind nicht zu hoch. Denken Sie daran: Jedes Kind ist einzigartig. Zwingen Sie Ihr Kind nicht, auf dem Topf sitzen zu bleiben. Wenn Sie frustriert sind, sind Sie vielleicht der Meinung, Sie müssten mit mehr Druck arbeiten, aber durch Zwang behindern Sie den ganzen Lernprozess letztendlich nur. Wird Ihr Frust so groß, dass

Keine Sorge, jedes Kind wird irgendwann trocken!

Sie meinen, Ihrem Kind mit Zwang oder gar mit Strafen drohen zu müssen, wenn es nicht klappt, dann sollten Sie besser eine Auszeit nehmen, um Ihre Fassung und die richtige Perspektive zurückzugewinnen. Keine Sorge, jedes Kind wird irgendwann trocken! Ihre gesunde Erwartungshaltung als Eltern wirkt sich auf Sie selbst und auf Ihr Kind positiv aus.

Nehmen Sie es mit Humor. Wo immer möglich, sollte man humorvoll an das Thema herangehen. Das wird den Trainingsprozess positiv beeinflussen. Manche Eltern gestalten das Ganze lustig, indem sie spezielle Lieder für das Toiletten-Training entwickeln. Warum nicht mal ein bekanntes Kinderlied zu diesem Zweck umdichten? Lachen und kleine Späße sorgen dafür, dass Ihr Kind seine Angst verliert.

Atmen Sie tief durch, bleiben Sie entspannt und versuchen Sie es noch einmal.

Und auch wenn Ihnen nicht nach Lachen zumute ist, wenn Sie zum achten Mal an diesem Tag den Küchenfußboden wischen oder zum dritten Mal das Bett abziehen müssen – atmen Sie tief durch, bleiben Sie entspannt und versuchen Sie es noch einmal. Ihre Ausdauer wird belohnt werden.

Stellen Sie eine angemessene Belohnung in Aussicht. Selbst die einfachste Belohnung kann für Ihr Kind ein lohnenswerter Anreiz sein, um seine Bemühungen fortzusetzen. Ein besonderer Aufkleber, ein bisschen Schokolade oder irgendetwas anderes, das Ihr Kind gerne mag, ist eine tolle Motivation. Es gibt so viele Möglichkeiten der Belohnung, doch überlegen Sie sich gut, welche davon für Sie praktikabel, erschwinglich und vernünftig ist. Kleine Belohnungen kann man selbst dann geben, wenn das Kind es zwar versucht hat, aber nicht erfolgreich war. Übertreiben Sie es jedoch nicht. Große Schokoriegel oder teure Spielsachen senden die falsche Botschaft. Die Kinder könnten das gegen Sie verwenden, wenn sie älter werden. Man nennt das: die Eltern manipulieren. „Ich tue das nur, wenn du mir ein neues Fahrrad kaufst."

Rechnen Sie mit Rückschlägen. Denken Sie daran: Es ist kein einfacher Lernprozess. Kindern passiert immer mal wieder ein Missgeschick, bis ihre Bemühungen zum Erfolg führen. Wenn Sie sich darauf einstellen, kann das für Sie sehr hilfreich sein. Rechnen Sie also mit nasser und verschmutzter Unterwäsche oder kleinen Pfützen auf dem Fußboden sowohl zu Hause als auch unterwegs. Mit realistischen Erwartungen ersparen Sie sich und Ihrem Kind unnötigen Frust.

> *Mit realistischen Erwartungen ersparen Sie sich und Ihrem Kind unnötigen Frust.*

Seien Sie bereit, wenn Ihr Kind bereit ist! Das gilt vor allem für unterwegs. Shannon erzählt:

Es ist immer wieder verblüffend für Stephen und mich, dass unsere Kinder ausgerechnet dann zur Toilette müssen, wenn wir im Restaurant unsere Bestellung bekommen oder gerade auf die Autobahn auffahren. Sie haben außerdem die unerschütterliche Angewohnheit, dass sie während eines Konzerts oder einer Sportveranstaltung müssen – und zwar mehrmals und immer genau dann, wenn unser Lieblingslied kommt oder das Spiel spannend wird.

Es ist auch ein Lernprozess für Sie als Eltern: Wenn Ihr Kind bereit ist, zur Toilette zu gehen, dann müssen Sie auch bereit sein. Und das auch dann, wenn es gerade nicht in Ihre eigene Zeitplanung passt.

Noch ein Wort zu öffentlichen WCs: Wenn Sie sich gerade in der Phase befinden, in der Ihr Kind den Gang zur Toilette übt, sollten Sie sich trotzdem nicht zu Hause einigeln. Lassen Sie sich nicht davon abhalten zu reisen oder essen zu gehen. Bereiten Sie sich einfach nur gut darauf vor. Die schon oben erwähnten Höschenwindeln können eine große Hilfe sein. Nehmen Sie in den Urlaub Ihr Töpfchen oder den Kindersitz für die Toilette mit. Für manche Eltern sind auch Papierauflagen für das WC und Händedesinfektionsmittel überlebenswichtig. Sicher sind Sie sehr gewissenhaft, wenn es um die Gesundheit Ihres Kindes geht – aber ich bin mir sicher, dass Sie mit der Zeit Ihre Furcht vor Keimen überwinden werden und dankbar sind für die Möglichkeit öffentlicher Toiletten.

Üben Sie sich in Geduld. Ich garantiere Ihnen: Früher oder später wird Ihr Kind in der Lage sein, allein die Toilette zu benutzen. Nur in sehr seltenen Fällen bestehen medizinische Probleme oder körperliche Behinderungen, die dies unmöglich machen. Hier brauchen Eltern dann den Rat medizinischer Fachleute, die ihrem Kind helfen, auf diesem Gebiet so weit wie möglich selbstständig zu werden.

Viel weiter verbreitet, aber nicht weniger problematisch ist die Tatsache, dass manche Kinder über einen längeren Zeitraum nachts einnässen. Diese Schwierigkeiten können ebenfalls medizinische Ursachen haben und sich unter Umständen bis ins Teenageralter fortsetzen. Für diese Kinder, die ansonsten trocken sind, kann eine spezielle, flüssigkeitsabsorbierende Unterwäsche hilfreich sein. Sprechen Sie mit Ihrem Kinderarzt darüber. Egal welche Ursache hinter dem nächtlichen Einnässen steckt, eine ausgewogene Mischung von Geduld und Problembehandlung hilft auf lange Sicht sowohl den Eltern als auch ihrem Sprössling.

Feiern Sie Ihre Erfolge! Warten Sie nicht, bis das letzte Ziel erreicht ist. Halten Sie selbst nach den kleinsten Erfolgen Ausschau und feiern Sie diese. Ob Abklatschen oder Küsschen, Umarmen oder Freudentänze – all das zeigt Ihrem Kind, wie stolz Sie auf seinen Erfolg sind. Die Arbeit, die Sie und Ihr Kind in das Training investiert haben, hat eine rauschende Party verdient!

> *Warten Sie nicht, bis das letzte Ziel erreicht ist. Halten Sie selbst nach den kleinsten Erfolgen Ausschau und feiern Sie diese.*

Später, wenn Sie und Ihr Kind die Zeit des Trockenwerdens schon lange vergessen haben, ist diese Erfahrung die erste große gemeinsame Anstrengung gewesen, mit der Sie und Ihr Kind ein Problem gelöst haben. So anstrengend das Training auch gewesen sein mag – Sie bringen damit Ihrem Kind viel Wichtiges bei: Geduld, Sorgfalt, Ermutigung, Hoffnung und die Freude am Erfolg. Was Sie schon jetzt gemeinsam mit Ihrem Kind eingeübt haben, wird sich auch auf andere Bereiche auswirken, in denen Problemlösungsstrategien in der Kindheit erforderlich sind.

Vergessen Sie nicht: Millionen von Eltern haben das Töpfchentraining erfolgreich hinter sich gebracht und so wird es auch bei Ihnen sein. Immerhin haben auch Sie selbst das als Kind erlebt und erinnern sich jetzt im Erwachsenenalter wahrscheinlich nicht mehr daran. Fragen Sie Ihre Eltern; sie haben vermutlich auch nicht mehr viele Erinnerungen daran. Also fassen Sie Mut. Sie sind der Aufgabe gewachsen! Nachdem Sie dieses Kapitel gelesen haben, werden Sie vielleicht sogar schmunzeln, wenn Ihnen genau das begegnet, was wir Ihnen beschrieben haben.

Jetzt mal ehrlich

Fragen zum Nachdenken und Diskutieren

Bevor Ihr Kind zur Welt kommt, werden Sie wahrscheinlich nicht über das Töpfchentraining nachdenken. Aber wenn es dann akut wird, haben wir hier ein paar weitere Vorschläge für Sie.

1. Lesen Sie dieses Kapitel noch einmal und unterstreichen Sie die praktischen Tipps.

2. Sprechen Sie mit Ihren Eltern darüber, was sie noch über die Zeit Ihres Töpfchentrainings wissen. Welche Methoden wandten sie an? Wie lange dauerte es?

3. Unterhalten Sie sich mit einem Ehepaar, das sein Kind schon erfolgreich an die Benutzung der Toilette gewöhnt hat. Welche Methoden haben die beiden angewandt? Wie lange hat das Ganze gedauert? Informieren Sie sich in Zeitschriften, Büchern oder im Internet. (Und vergessen Sie nicht: Jedes Kind ist anders ...)

4. Denken Sie sich ein Lied aus, mit dem Sie Ihr Kind motivieren können. Als Grundlage könnte die Melodie eines bekannten Kinderliedes dienen. Vielleicht entdecken Sie auch auf CDs mit Kinderliedern ein Lied zu diesem Thema, das Sie lernen und mit Ihrem Kind gemeinsam singen könnten, wenn der richtige Zeitpunkt gekommen ist.

5. Bewahren Sie eine positive Grundhaltung und denken Sie daran: Früher oder später wird auch Ihr Kind es lernen, die Toilette zu benutzen.

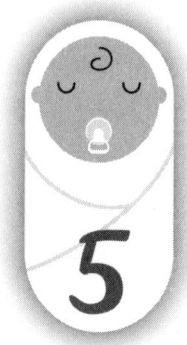

Wenn ich das nur gewusst hätte ...

Kinder brauchen Grenzen

Theoretisch wusste ich schon, dass Eltern irgendwie dafür verantwortlich sind, Regeln aufzustellen, die ihr Kind schützen und es auf seinem Weg zur Selbstständigkeit begleiten sollen. Ich wusste jedoch nicht, wie früh dieser Prozess beginnen und wie lange er dauern würde. Doch bald begriff ich, dass es eine achtzehn Jahre umfassende Aufgabe ist und die ersten zehn Jahre die wichtigsten sind. Tatsächlich gilt: Wenn wir unseren Kindern in den ersten zehn Jahren gesunde Grenzen setzen, wirkt sich das spürbar auf die Qualität unserer Beziehung zu ihnen im Teenageralter aus.

Gesunde Grenzen entstehen aus unserer Sorge um das Wohlergehen des Kindes. Es sind keine willkürlichen Regeln, die von einer Generation zur nächsten weitergegeben werden. Wir wünschen uns, dass unsere Kinder geborgen sind, gesund bleiben und zu Menschen heranwachsen, die gute Entscheidungen treffen. Wir hoffen, dass sie am Ende zu vernünftigen, selbstdisziplinierten Erwachsenen werden, die an ihrem Platz in dieser Welt einen positiven Einfluss ausüben.

Doch die Herausforderungen, denen wir begegnen, wenn wir unsere Kinder auf diesem Weg begleiten, ändern sich von Jahr zu Jahr, so wie sich unsere Kultur verändert. Ja, die Kultur selbst stellt von Zeit zu Zeit neue Regeln auf,

Gesunde Grenzen entstehen aus unserer Sorge um das Wohlergehen des Kindes.

die für die Sicherheit des Kindes sorgen sollen. Shannon wies mich darauf hin, dass wir schon in dem Moment, in dem wir mit unserem Säugling das Krankenhaus verlassen, mit Regeln konfrontiert werden. Wir müssen unser Kind nämlich im Auto in einem speziellen Kindersitz anschnallen.

Regeln von Anfang an

Wer in den USA ein Kind in einem Krankenhaus zur Welt bringt, muss gegenüber dem Personal nachweisen, dass ein geeigneter Kindersitz vorhanden ist und das Baby darin angeschnallt wird, bevor es die Klinik verlässt. Die Straßenverkehrsordnung schreibt vor, dass Kinder im Auto in entsprechenden Vorrichtungen korrekt angeschnallt sein müssen. Das gilt bis zu dem Alter, in dem sie groß genug sind, um auf einem normalen Sitz Platz zu nehmen und mit dem entsprechenden Gurt angeschnallt zu werden. Als unser erstes Kind geboren wurde, gab es dieses Gesetz noch nicht. Solche Vorschriften tragen aber dazu bei, dass in der heutigen Welt mit viel Verkehr und hochmotorisierten Autos die Kinder geschützt werden.

Ihr Kind wird sich wahrscheinlich nicht wehren, wenn Sie es auf der Heimfahrt vom Krankenhaus in die Babyschale legen und anschnallen (vielleicht weint es aber ein paar Minuten). Ich muss Sie jedoch vorwarnen: Sobald es etwas älter wird, mag es nicht mehr im Kindersitz angeschnallt werden. Kleinkinder sind gemäß ihrem Entwicklungsstand mehr daran interessiert, ihren Willen und ihren Wunsch nach Freiheit durchzusetzen, als sich unseren Erwachsenenregeln anzupassen. Dann stehen wir als Eltern vor dem Konflikt, dass wir unsere Verantwortung für die Sicherheit des Kindes durchsetzen müssen, obwohl das Kind dies überhaupt nicht einsieht. Was können wir in solchen Momenten tun?

> *Kleinkinder sind gemäß ihrem Entwicklungsstand mehr daran interessiert, ihren Willen und ihren Wunsch nach Freiheit durchzusetzen, als sich unseren Erwachsenenregeln anzupassen.*

Zunächst müssen wir selbst genug Disziplin haben, um die Grenze zu setzen, die uns durch die Gesetze unseres Landes vorgegeben ist. Wir wissen ja, dass sie der Sicherheit unseres Kindes dient. Shannon erzählte mir, mit welchen zwei Lieblingssätzen ihr das gelingt: „Ich kann dich jetzt in den Autositz setzen oder du kletterst selbst rein." Oder: „Schaffst du es, in den Sitz zu klettern, bevor ich bis fünf gezählt habe? Eins … zwei … drei …" Eine dem Alter des Kindes angemessene Taktik wie die von Shannon gestattet es dem Kind, selbst mitzuentscheiden. In diesem Fall „gewinnen" sowohl die Eltern als auch das Kind.

Natürlich muss sich das Kind letztendlich auf den Autositz setzen. Wenn also alles gute Zureden nichts hilft, müssen Eltern vorsichtig das Kind in seinem Sitz anschnallen. Das muss aber unbedingt liebevoll geschehen und keinesfalls wütend oder aufgebracht! Wenn Eltern wütend sind, könnten sie ihr Kind bei dem Versuch, es anzuschnallen, unabsichtlich verletzen.

Im Alter von etwa vier Jahren sind Kinder normalerweise in

der Lage, selbst in den Kindersitz zu klettern und sich an- oder abzuschnallen, ohne dass die Eltern helfen müssen. Das ist für die Eltern zwar ganz bequem, doch mit der zunehmenden Selbstständigkeit des Kindes tauchen neue Probleme auf – nämlich die Fähigkeit des Kindes, den Gurt ohne Erlaubnis der Eltern selbst zu lösen.

Shannon berichtet von ihren Erfahrungen:

Zahlreiche Male mussten wir das Auto anhalten, um einem der Kinder klarzumachen, dass wir nicht weiterfahren würden, wenn es nicht angeschnallt ist. Das funktioniert normalerweise gut, vor allem, wenn man auf dem Weg zur Eisdiele ist. Wenn es aber nicht funktioniert, müssen wir wieder unsere elterliche Autorität ausüben (auf eine hoffentlich liebevolle und freundliche Weise).

Warum lasse ich mich hier lang und breit über das Anschnallen im Auto aus? Weil das der Punkt ist, an dem alles beginnt – an jenem ersten Tag, an dem Sie Ihr Baby vom Krankenhaus im Auto nach Hause bringen. Hier erfährt Ihr Kind das erste Mal, wie wichtig das Setzen von Grenzen ist, weil es um die Sicherheit und um das Einhalten von Gesetzen geht. Das Einhalten kultureller Gesetze (oder Regeln) ist wichtig, weil das Kind ja zu einem

Bei meinem Studium der Kulturanthropologie fand ich heraus, dass jede Kultur einen Moralkodex hat.

verantwortungsbewussten Bürger heranwachsen soll.

Bei meinem Studium der Kulturanthropologie fand ich heraus, dass jede Kultur einen Moralkodex hat. In jeder Kultur gibt es Dinge, die man als Kind tut oder nicht tut. Dasselbe gilt für die Erwachsenen. Eltern kommt dabei die wichtigste

Rolle zu: Sie bringen ihren Kindern die allgemein akzeptierten Verhaltensregeln bei.

Ein Baby kann keine Entscheidung darüber treffen, wie es leben soll. Ohne elterliche Regeln würde es noch nicht einmal bis zum Erwachsenenalter überleben. Während der Kindheit müssen die Eltern die Regeln durchsetzen und das Verhalten des Kindes beobachten. Das bedeutet, dass sie Anton nicht erlauben, ins Feuer zu krabbeln, so fasziniert er auch von den züngelnden Flammen sein mag. Und als Kleinkind muss Anton davon abgehalten werden, auf die Straße zu laufen und von einem Auto überfahren zu werden. Seine Eltern müssen Medikamente und giftige Substanzen außerhalb seiner Reichweite aufbewahren.

Die Realität der Regeln

Diese Phase der Kindheit, in der die Eltern ihren Sprössling ständig im Blick behalten müssen, geht schließlich in eine andere Phase über, in der die Eltern ihrem Kind dabei helfen, Selbstdisziplin zu entwickeln. Diesen Weg zur Reife muss jedes Kind gehen und alle Eltern müssen dafür die Verantwortung übernehmen. Wir Eltern müssen uns dieser beeindruckenden Aufgabe stellen, die Weisheit, Fantasie, Geduld und eine große Portion Liebe erfordert. Es ist mein Wunsch, dass dieses Kapitel Ihnen dabei hilft, auf diese Aufgabe besser vorbereitet zu sein, als ich es bei der Geburt unseres ersten Kindes war.

Beginnen wir mit einer simplen Tatsache: Eltern sind älter als Kinder! Und da sie diesen Altersvorsprung besitzen, haben sie – so nehmen wir es zumindest an – mehr Weisheit als Kinder. Also müssen Eltern die Regeln aufstellen, die ihnen für ihr Kind am besten erscheinen. Vielbeschäftigte, müde Eltern finden es jedoch manchmal einfacher, Klein-Jakob oder Klein-Emma lange aufbleiben oder Fast Food essen zu lassen. Und wir wollen auch nicht ignorieren, dass es auch Eltern gibt, die ihre Autorität missbrauchen. Doch die Gefahr, dass ein Kind ohne die Grenzen aufwächst, die es so dringend braucht, ist viel größer. In einer gesunden und liebevollen Familie setzen die Eltern ihre Autorität ein, um ihre Kinder zu schützen und zu leiten. Die meisten Eltern fühlen sich hohen ethischen und moralischen Standards verpflichtet. Sie setzen sich für Freundlichkeit, Liebe, Ehrlichkeit, Vergebung, Aufrichtigkeit, Fleiß und den respektvollen Umgang mit anderen ein. Auf diese Weise möchten sie erreichen, dass ihre Kinder zu verantwortungsbewussten, eigenständigen Menschen heranwachsen, die gut mit anderen auskommen und zusammenleben können.

> *Wir als Eltern müssen lernen, ein Verhalten, das dem Entwicklungsstand des Kindes angemessen ist, von einem Fehlverhalten zu unterscheiden.*

Bevor wir uns aber mit der Frage beschäftigen, wie man vernünftige Regeln aufstellt, möchte ich noch ein anderes wichtiges Problem ansprechen: Wir als Eltern müssen lernen, ein Verhalten, das dem Entwicklungsstand des Kindes angemessen ist, von einem Fehlverhalten zu unterscheiden. Ein angemessenes Verhalten zeigt sich darin, dass das Kind seine Umwelt erforschen und herausfinden will, wie sie funktioniert.

Das kann zum Beispiel bedeuten:

- Ein einjähriges Kind spielt mit dem Essen und verursacht dabei eine ziemliche Ferkelei.
- Ein Zweijähriger antwortet auf die freundlichen Bitten der Eltern mit großer Ausdauer „Nein", weil er gerade reden lernt und sich in einer Trotzphase befindet.
- Eine Dreijährige richtet eine Überschwemmung an, weil es so viel Spaß macht, in der Badewanne zu planschen.

- Kinder im Kindergarten- oder Grundschulalter verwenden Haushaltsgegenstände, um in ihrem Zimmer eine Ritterburg zu bauen, hinterlassen beim Malen oder Zeichnen aus Versehen bunte Spuren auf dem Tisch oder zerkratzen das Auto ihrer Eltern, weil sie mit dem Fahrrad ein bisschen zu dicht daran vorbeigefahren sind.

All das ist natürlich ärgerlich für Sie als Eltern und solche Erlebnisse sind sicherlich eine Gelegenheit, Ihrem Kind beizubringen, was akzeptabel ist und was nicht. Aber dennoch liegt hier kein echtes Fehlverhalten vor. Es ist ein entwicklungsbedingt zu erwartendes Verhalten. Kinder erforschen und entdecken ihre Umgebung. Sie haben Spaß dabei. Ihre körperlichen und kognitiven Fähigkeiten entwickeln sich weiter, sodass sie immer geschickter werden und es immer besser lernen, Regeln zu befolgen und den Erwartungen ihres Umfelds zu entsprechen. Darum wäre es für Sie als Eltern eine kluge Reaktion, zuerst einmal geduldig zu sein, sich zu überlegen, welchen entwicklungsbedingten Hintergrund das Verhalten des Kindes haben könnte, und es nicht sofort als Fehlverhalten zu betrachten.

Im Laufe der Zeit bringen die Eltern ihrem Kind kontinuierlich bei, welche Regeln gelten und was von ihm erwartet wird. Je älter es wird, desto besser kann das Kind selbst richtiges von falschem Verhalten unterscheiden. Erst dann gelingt es den Eltern, angemessene und unangemessene Verhaltensweisen sicher voneinander abzugrenzen.

Echtes Fehlverhalten – das heißt, das absichtliche Übertreten von Regeln – darf natürlich nicht kommentarlos hingenommen werden, doch es gibt fast immer Gründe, warum sich ein Kind so verhält. Wir als Eltern fragen uns: „Warum tut mein Kind so etwas?"

Alfred Adler lebte von 1870 bis 1937 und war einer *der* Pioniere der Psychotherapie. Er gilt als Begründer der Individualpsychologie und beeinflusste mit seiner Arbeit viele spätere Psychologen und Psychotherapeuten. Er führt vier Gründe an, warum Kinder bewusst Grenzen übertreten, die ihnen gesetzt werden: Aufmerksamkeitsstreben, Macht, Rache und Minderwertigkeitsgefühle. Ich möchte aus meiner Erfahrung als Therapeut und Seelsorger noch hinzufügen: das Bedürfnis nach Liebe. Ist der Liebestank eines Kindes leer, benimmt es sich viel eher daneben. Wenn wir verstehen, was dem Fehlverhalten zugrunde liegt, können wir auch leichter zu einer positiven Reaktion finden.

Adler schlägt vor zu beobachten, mit welchen Gefühlen wir selbst auf das Fehlverhalten des Kindes reagieren. Daraus lässt sich dann möglicherweise schließen, was in dem Kind vorgegangen ist. Wenn sein Verhalten durch das Streben nach Aufmerksamkeit bedingt ist, reagieren wir eher verärgert darauf. Wenn Machtgefühle dahinterstecken, werden wir wütend und lassen uns auf Machtkämpfe ein. Ist es Rache, fühlen wir uns verletzt und demütigen das Kind womöglich sogar. Sind es Minderwertigkeitsgefühle, fühlen wir selbst uns hilflos und emotional entfremdet. Indem wir unsere eigenen Gefühle nachvollziehen, verstehen wir auch das Verhalten unseres Kindes besser und reagieren effektiver darauf als mit Aufforderungen, Machtdemonstrationen, Demütigungen oder Vermeidungsstrategien.[7]

> *Ist der Liebestank eines Kindes leer, benimmt es sich viel eher daneben.*

Nun aber befassen wir uns mit unserer Aufgabe als Eltern, unseren Kindern vernünftige Grenzen zu setzen. Was verstehen wir darunter? Grenzen sind Regeln, die von uns Eltern vorgegeben werden, um eine gute Entwicklung des Kindes zu fördern. Das Aufstellen von Regeln muss mit einem Konzept verbunden sein, das festlegt, welche Konsequenzen im Fall einer Nichtbeachtung der Regel entstehen. Kinder müssen

Indem wir unsere eigenen Gefühle nachvollziehen, verstehen wir auch das Verhalten unseres Kindes besser.

lernen, dass jedes Verhalten Folgen hat. Sich an die Regeln zu halten, zieht positive Konsequenzen nach sich, die Regeln zu brechen, wirkt sich negativ aus. Dieser Prozess beinhaltet drei Dinge: Regeln aufstellen, Konsequenzen festlegen (positive wie negative) und Konsequenzen eintreten lassen. Das wollen wir uns nun der Reihe nach näher ansehen.

Stellen Sie gute Regeln auf

Tun oder nicht tun – das ist das Wesen jeder Regel. Regeln geben dem Familienleben Orientierung.

Folgendes tun wir nicht in unserer Familie: am Tisch Kaugummi kauen; in der Küche Ball spielen; das Haus verlassen, wenn noch Kerzen brennen; auf dem Sofa herumhüpfen; den Hund ärgern.

Und Folgendes tun wir in unserer Familie: Sachen wegräumen, wenn wir sie nicht mehr benutzen; Spielzeug aufräumen, wenn wir aufhören zu spielen; das Licht ausknipsen, wenn wir einen Raum verlassen; schmutzige Wäsche in die Waschküche bringen; fragen, bevor wir vom Tisch aufstehen.

Alle Familien haben Regeln, aber nicht alle Regeln sind wirklich vernünftig und gut. Gute Regeln zeichnen sich durch die folgenden Eigenschaften aus:

- Sie werden *bewusst* aufgestellt.
- Sie werden *von beiden Elternteilen* vertreten.
- Sie sind *vernünftig*.
- Sie werden mit der ganzen Familie *besprochen*.

Erstens: Bewusst aufgestellte Regeln sind solche, über die wir gründlich nachgedacht haben. Sie entstehen nicht spontan aus einem momentanen Frust, sondern beruhen auf gründlicher Überlegung: „Warum ist diese Regel nötig, was ist ihr Zweck, ist sie wirklich für alle gut?"

Bewusst aufgestellte Regeln sind solche, die wir nicht nur deshalb haben, weil es in unserer Herkunftsfamilie auch schon so war. Zum Beispiel hatten wir in unserer Familie eine Zeitlang die Regel, dass am Tisch nicht gesungen wird. Eines Tages fragte mich Karolyn, warum wir diese Regel aufgestellt hätten.

„Naja", antwortete ich, „diese Regel hatten wir bei meinen Eltern zu Hause auch schon."

Karolyn erwiderte: „Bei uns gab es diese Regel auch, aber was ist so schlecht daran, am Tisch zu singen? Es ist ein Ausdruck der Freude. Und ich möchte, dass unsere Kinder positive Erinnerungen an die gemeinsamen Mahlzeiten haben."

Darauf fiel mir kein Gegenargument ein und so setzten wir diese Regel außer Kraft.

Zweitens: Gute Regeln werden sowohl vom Vater als auch von der Mutter vertreten. Jeder von uns ist in einer anderen Familie aufgewachsen; folglich haben wir unterschiedliche Regeln. Ich bringe die Regeln meiner Herkunftsfamilie mit; meine Frau die aus ihrer Familie. Wenn diese Regeln nicht übereinstimmen, kommt es zu Konflikten. Diese werden gelöst, indem wir einander zuhören, den anderen mit Respekt behandeln und uns um eine Lösung bemühen, der wir beide zustimmen können.

Wenn Sie zum Beispiel der Auffassung sind, dass absichtliches Rülpsen Ihrer Kinder ein absolut unzivilisiertes Benehmen ist, Ihr Partner es aber süß findet, dann können Sie es vielleicht im Haus und beim Autofahren verbieten, aber im Garten erlauben. Wenn Eltern sich über die Regeln nicht einig sind und vor dem Kind darüber diskutieren, wird das Kind verunsichert und schließt sich irgendwann der Diskussion an.

Drittens: Gute Regeln sind auch vernünftig. Sie dienen einem positiven Zweck. Die alles entscheidende Frage dabei lautet: „Ist diese Regel gut für unser Kind? Wird sie sich positiv auf sein Leben auswirken?"

Hier ein paar praktische Fragen, die Sie sich stellen können, wenn Sie eine bestimmte Regel in Erwägung ziehen:

- Bewahrt diese Regel das Kind vor einer Gefahr?
- Bringt die Regel dem Kind einen positiven Charakterzug bei: Ehrlichkeit, Fleiß, Freundlichkeit, Teilen mit anderen usw.?
- Schützt die Regel das Eigentum?
- Lehrt die Regel das Kind, verantwortlich zu handeln?
- Bringt sie dem Kind gute Manieren bei?

All das sind Begründungen, die für uns Eltern wichtig sind. Wir wollen unser Kind vor Gefahren schützen: Wir wollen nicht, dass unser Kindergartenkind von einem Auto überfahren wird oder dass unser Schulkind in Drogengeschäfte verwickelt wird. Wir wollen unseren Kindern positive Charaktereigenschaften vermitteln, die mit unseren Werten übereinstimmen. Wir wollen, dass unsere Kinder das Eigentum anderer respektieren: Darum kann die Regel, die das Fußballspielen im Garten verbietet, sinnvoll sein, damit die Fensterscheiben der Nachbarn nicht beschädigt werden. Wir möchten, dass unsere Kinder lernen, auf ihren eigenen Besitz zu achten: Deshalb ist die Regel, das Fahrrad nachts in die Garage zu stellen, sinnvoll.

Und *viertens:* Gute Regeln werden der ganzen Familie deutlich erklärt. Unausgesprochene Regeln sind unfair. Man kann nicht von einem Kind erwarten, dass es eine Vorschrift befolgt, die es gar nicht kennt. Eltern haben also die Verantwortung, sicherzustellen, dass ihre Kinder die Regeln verstehen. Wenn die Kinder älter werden, müssen sie wissen, warum ihre Eltern diese Regel aufgestellt haben.

Gute Regeln werden der ganzen Familie deutlich erklärt. Unausgesprochene Regeln sind unfair.

Wenn wir Familien-Regeln formulieren wollen, ist es sehr sinnvoll, andere Eltern, Lehrer und Verwandte um Rat zu fragen und Bücher oder Zeitschriften zu dem Thema zu lesen. Um die Regeln aufzustellen, die für Ihre Familie die besten sind, brauchen Sie jeden Rat, den Sie bekommen können.

Legen Sie die Konsequenzen vorher fest

Am Straßenrand stand ein Schild mit der Aufschrift: „250 Dollar bei Geschwindigkeitsüberschreitung". Ich nahm den Fuß vom Gaspedal, denn ich hatte keine 250 Dollar zu verschenken. Wenn wir staatliche Gesetze übertreten, hat das in der Regel negative Folgen. Eines der Probleme unserer Gesellschaft in den letzten Jahren besteht allerdings darin, dass die Konsequenzen für ein Fehlverhalten durch langwierige Gerichtsprozesse erst sehr spät eintreten und oft nur minimal sind. Ich glaube, dass diese Situation zum Anwachsen des gesellschaftlichen Fehlverhaltens beiträgt. Wenn Menschen zum Einhalten von Gesetzen bewegt werden sollen, dann muss es schnelle und klare Konsequenzen geben.

In der Familie gilt dasselbe Prinzip. Das Einhalten von Regeln lernt man dadurch, dass man bei einem Verstoß die Konsequenzen tragen muss. Wenn wir unseren Kindern beibringen wollen, sich an die Regeln zu halten, muss der Regelbruch unangenehme Folgen haben.

Es gibt zwei Arten von Konsequenzen: natürliche und logische. Natürliche Konsequenzen stellen sich von selbst ein, ohne dass die Eltern etwas dafür tun müssen.

Wenn sich ein Kind zum Beispiel weigert, abends bei Tisch das zu essen, was die Eltern zubereitet haben, wird es irgendwann Hunger haben (*natürliche Konsequenz*). Die Eltern können diesen Hunger zulassen, weil sie wissen, dass ihr Kind früher oder später nach etwas zu essen fragen wird. Dann können sie das Kind daran erinnern, dass es deshalb hungrig ist, weil es abends nichts gegessen hat, und dass es erst zum Frühstück wieder etwas gibt. Wenn Ihnen das zu grausam erscheint, können Sie dem Kind eine Kleinigkeit zu essen geben und ihm sagen, dass es das nächste Mal, wenn es wieder bei Tisch nichts essen will, eine noch kleinere Portion erhält. Eine Mahlzeit zu verpassen schadet dem Kind nicht, aber es zeigt ihm, dass das Abendessen die Zeit ist, in der wir unsere Mahlzeit einnehmen.

Das Einhalten von Regeln lernt man dadurch, dass man bei einem Verstoß die Konsequenzen tragen muss.

Die Eltern müssen das Kind nicht zum Essen überreden oder zwingen, sie sollen es weder demütigen noch dem Konflikt ausweichen. Sie müssen einfach nur die Weigerung hinnehmen, die Entscheidung des Kindes akzeptieren und dann auf den Moment warten, in dem das Kind die Folgen spürt und seine Lehre daraus zieht.

Bei anderen Gelegenheiten sind *logische Konsequenzen* vielleicht die bessere Wahl. Die Konsequenz steht dabei in einem logischen Zusammenhang mit der gebrochenen Regel. Zum Beispiel geht ein Kind mit einem Spielzeug nicht sorgfältig um. Die vorher festgelegte Regel lautet, das Spielzeug an seinen Platz zurückzubringen, wenn das Kind nicht mehr damit spielt. Hält sich das Kind nicht an diese Anordnung, verliert es das Vorrecht, am nächsten Tag wieder damit zu spielen. Wenn das Kind also die Regel übertritt, wird der Verlust des

Vorrechts so frustrierend sein, dass das Kind dadurch lernt, besser mit seinem Besitz umzugehen.

Ich möchte Ihnen sehr empfehlen, die Konsequenzen bereits festzulegen, wenn Sie die Regel aufstellen, und das Kind über beides zu informieren: über die Regel und über die Folgen bei Nichtbeachtung.

Zum Beispiel könnte es folgende Regel geben: „Bei uns im Haus wird kein Ball geworfen. Wenn das doch geschieht, verschwindet der *Gute Regeln werden der ganzen Familie deutlich erklärt. Unausgesprochene Regeln sind unfair.* Ball für zwei Tage im Kofferraum des Autos. Wenn beim Ballspielen im Haus etwas kaputtgegangen ist, musst du es von deinem Taschengeld ersetzen."

Damit ist sowohl die Regel klar als auch die Konsequenz. Alle in der Familie sind darüber informiert. Wenn das Kind also die Regel übertritt, wissen Mama und Papa, was zu tun ist, und das Kind weiß, was es zu erwarten hat. Das bewahrt Eltern auch davor, in ihrem Ärger über die gebrochene Regel zu heftig zu reagieren und ihr Kind anzuschreien. Es hilft ihnen dabei, die Konsequenzen freundlich durchzusetzen. Das bringt uns zum dritten Kennzeichen gesunder Grenzen.

Lassen Sie freundlich, aber bestimmt die Konsequenzen folgen

Der Schlüsselbegriff lautet: *konsequent sein.* Wenn das Fehlverhalten des Kindes an einem Tag unangenehme Folgen hat, wir es am nächsten Tag aber durchgehen lassen, wird das Kind verunsichert. Es fragt sich: *Ist das jetzt eine Regel oder nicht? Gibt es Konsequenzen oder nicht?*

Als Eltern dürfen wir nicht erlauben, dass unser Gefühlszustand darüber bestimmt, ob und wann wir das Kind bestrafen.

Darum ist es so wichtig, die logischen Konsequenzen schon festzulegen, bevor die Regel übertreten wird. Dann müssen wir nicht erst überlegen: *Was soll ich jetzt machen?* Wir wissen genau, was zu tun ist, und es geht nur noch darum, dies freundlich, aber bestimmt zu tun.

In unserem Buch *Die fünf Sprachen der Liebe für Kinder*[8] weisen Dr. Ross Campbell und ich darauf hin, wie wichtig es ist, die Konsequenzen in Liebe „einzupacken". Das bedeutet: Wenn Sie ein Fehlverhalten Ihres Kindes bestrafen müssen, dann sprechen Sie davor oder danach die Liebessprache, die für Ihr Kind die wichtigste ist.

Wenn *Lob und Anerkennung* die Liebessprache Ihres Kindes ist und es die Regel, dass in der Wohnung nicht Ball gespielt werden darf, gebrochen hat, dann könnten Sie zum Beispiel Folgendes sagen: „Mark, ich möchte dir sagen, dass ich total stolz auf dich bin. Du übertrittst selten eine Regel und das ist gut. Aber du weißt, dass du gerade die Regel verletzt hast, in der Wohnung keine Bälle zu werfen – und du weißt auch, was jetzt kommt, oder?"

Mark sagt dann wahrscheinlich so etwas wie: „Ja, sorry. Hab ich vergessen."

Darauf antworten Sie: „Das kann ich verstehen, aber der Ball muss jetzt trotzdem für zwei Tage in den Kofferraum des Autos. Ich bin froh, dass nichts kaputtgegangen ist. Ich bin sehr stolz auf dich, denn meistens hältst du dich ja an unsere Regeln. Ich habe dich sehr lieb."

> *Wenn das Fehlverhalten des Kindes an einem Tag unangenehme Folgen hat, wir es am nächsten Tag aber durchgehen lassen, wird das Kind verunsichert.*

Mark gibt den Ball ab und ist mit Sicherheit traurig darüber, aber er fühlt sich dennoch geliebt und hat gelernt, dass das Verletzen von Regeln immer Konsequenzen hat.

Ich kann gar nicht genug betonen, wie wichtig es ist, dass

Sie Ihrem Kind klare Grenzen setzen, und zwar nicht nur für die Sicherheit des Kindes, sondern auch für die Entwicklung seines Selbstwertgefühls, seines Charakters und seiner Fähigkeit, Entscheidungen zu treffen. Leider gibt es viele Eltern, die es ihren Kindern erlauben, Grenzen zu überschreiten und dabei auf wenig oder gar keinen Widerstand zu treffen. Ich kann das gut verstehen: Mütter und Väter sind oft so müde durch die Belastungen des Alltags, dass sie meinen, es sei nicht der Rede wert, wenn ihr Kind sich gegen eine Grenze auflehnt. Also geben sie nach und das Kind macht, was es will.

> *Ich kann gar nicht genug betonen, wie wichtig es ist, dass Sie Ihrem Kind klare Grenzen setzen, und zwar nicht nur für die Sicherheit des Kindes, sondern auch für die Entwicklung seines Selbstwertgefühls, seines Charakters und seiner Fähigkeit, Entscheidungen zu treffen.*

Jedes Mal, wenn eine Grenze fällt, fühlt sich ein Kind weniger sicher. Es stemmt sich ja unbewusst gegen die Wand und hofft, dass sie dem Druck standhält. Wenn die Wand aber umfällt, wird das Kind in seinem Lebensgefühl verunsichert.

Ein Fünfzehnjähriger sagte einmal zu mir: „Gibt es überhaupt noch jemanden, der für irgendetwas einsteht? Alle scheinen alles zu akzeptieren, wenn die Situation entsprechend ist. Ich wünschte, die Erwachsenen würden uns mehr Orientierung geben. Haben sie nicht etwas in ihrem Leben gelernt, das uns helfen könnte, ein paar Fehler zu vermeiden?" Dieser Jugendliche erkannte die Bedeutung von Grenzen, auch wenn seine Eltern das offenbar nicht erkannten.

Ich hoffe, dieses Kapitel hilft Ihnen dabei, Ihrem Kind gesunde Grenzen zu setzen. Es gibt nur weniges in Ihrer Rolle als Eltern, das wichtiger ist.

Jetzt mal ehrlich

Fragen zum Nachdenken und Diskutieren

1. Wenn Sie auf die Geburt Ihres Kindes warten, ist es Zeit, einen Autositz zu kaufen, den Sie brauchen, um Ihr Baby vom Krankenhaus nach Hause zu fahren. Vielleicht suchen Sie sich auch einen Sitz aus und geben die Information an jemanden weiter, der Ihnen gern etwas Schönes und Nützliches schenken möchte.

2. Listen Sie gemeinsam mit Ihrem Ehepartner die Regeln auf, die Sie als Kinder befolgen mussten. Überlegen Sie, welche dieser Regeln Sie auch an Ihr Kind weitergeben möchten.

3. Gibt es weitere Regeln, die Sie für die Erziehung Ihres Kindes für wichtig erachten?

4. Überlegen Sie sich gemeinsam als Eltern die logischen Konsequenzen, die dann eintreten sollen, wenn Ihr Kind eine dieser Regeln bricht. Versichern Sie sich gegenseitig, dass Sie einander dabei unterstützen wollen und gemeinsam diese Konsequenzen durchziehen werden.

5. Sprachen Ihre Eltern, als Sie noch ein Kind waren, vorher mit Ihnen darüber, was passieren würde, wenn Sie eine Regel nicht einhielten? Wenn nicht, an welche Reaktionen Ihrer Eltern erinnern Sie sich?

6. Hatten Sie manchmal den Eindruck, dass die Strafen, die Ihre Eltern verhängten, ungerecht waren? Was war Ihrer Meinung nach daran unfair?

7. Schauen Sie sich in Ihrem Haus oder Ihrer Wohnung um und fragen Sie sich gemeinsam: *Was müssen wir tun, um unser Kind vor Verletzungen zu schützen?*

8. Sind Sie als Erwachsener jemand, der sich genau an Regeln hält oder sie eher übertritt? Wie wird sich Ihr Vorbild Ihrer Meinung nach auf Ihr Kind auswirken?

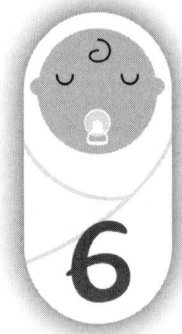

Wenn ich das nur gewusst hätte ...

Die seelische Gesundheit ist so wichtig wie die körperliche

Unsere beiden Kinder waren schon geboren, bevor ich Seelsorger und Berater wurde. Ich hatte eine Menge studiert: Anthropologie, Soziologie, Griechisch, Hebräisch und Theologie – aber über seelische Vorgänge wusste ich nur sehr wenig. Natürlich merkte ich, dass ich mich manchmal geliebt fühlte, dann wieder traurig, glücklich, wütend, frustriert oder entmutigt, aber ich schrieb dies alles dem Verhalten meiner Frau zu. Wenn sie mir gegenüber nett und liebevoll war, dann war das Leben schön. Wenn sie mich unfreundlich behandelte, fühlte ich mich abgelehnt, verletzt und empfand noch ein ganzes Bündel weiterer negativer Emotionen. Aber ich hatte keine Ahnung, wie ich mit diesen Gefühlen umgehen sollte. Wir hatten als Paar ein paar schwierige Jahre, bis wir lernten, einander zuzuhören und zu bestätigen und lieber nach Lösungen zu suchen, anstatt zu streiten.

Und hierbei ging es ja nur um zwei Erwachsene, die sich zusammenraufen mussten. Der Gedanke an Kinder und ihre emotionalen Bedürfnisse tauchte nicht einmal entfernt auf meinem Radar auf. Erst Jahre später beschäftigte ich mich mit der Entwicklung von Kindern und das eröffnete mir eine ganz neue Welt. Ich verstand nun meine eigene

Ich erkannte, dass ich eine wichtige Rolle spiele bei der emotionalen Entwicklung unserer Kinder.

Kindheit besser. Und ich erkannte, dass ich eine wichtige Rolle spielte bei der emotionalen Entwicklung unserer Kinder. Darum möchte ich Ihnen in diesem Kapitel etwas von dem weitergeben, was ich damals gelernt habe. Ich hoffe, es bewahrt Sie vor einigen Fehlern, die mir unterlaufen sind.

Eltern sorgen sich automatisch um die körperliche Gesundheit ihres Kindes. Darum gehen sie regelmäßig mit ihm zum Kinderarzt. Sie rufen die Hebamme an, wenn das Baby körperliche Reaktionen zeigt, die sie nicht verstehen. Und wenn sie nachts aufwachen, gehen sie zur Wiege und schauen nach, ob der kleine Schatz noch atmet. All dies beruht auf der elterlichen Sorge um das körperliche Wohlergehen ihres Kindes. Diese Sorge ist klug, natürlich und notwendig. Das Kind gesund und am Leben zu erhalten, ist die Grundlage für alles andere.

Doch wenn unser Kind sich körperlich gesund entwickelt, sollte unsere nächste Sorge seiner seelischen Gesundheit gelten. Die seelische und die körperliche Gesundheit sind die beiden Standbeine, auf denen die Fürsorge der Eltern ruhen sollte. Beides ist notwendig, wenn das Kind zu einem gesunden und verantwortungsbewussten Menschen heranwachsen soll. Manche Eltern denken nur wenig über die seelischen Bedürfnisse ihres Kindes nach. Sie sind der Überzeugung: *Ich*

Die seelische und die körperliche Gesundheit sind die beiden Standbeine, auf denen die Fürsorge der Eltern ruhen sollte.

liebe mein Kind und tue alles, was ich kann, damit es gesund heranwächst. Also hoffe ich, dass es später mal ganz okay sein wird. Hoffen und vertrauen genügt jedoch nicht; wir Eltern müssen aktiv werden, um die seelische Gesundheit unserer Kinder zu schützen. Was aber sind die seelischen Bedürfnisse eines Kindes?

Wenn Sie sich schon einmal ausführlicher mit Psychologie beschäftigt haben, werden Sie vielleicht mit John Bowlbys Bindungstheorie[9] und Erik Eriksons Stufenmodell der psychosozialen Entwicklung[10] vertraut sein. Als Shannon und ich über dieses Kapitel sprachen, erinnerte sie mich an diese wichtigen Arbeiten. Diese beiden bekannten psychologischen Modelle können auch für Eltern eine wichtige Hilfe sein, wenn sie die emotionale Gesundheit ihres Kindes aktiv fördern wollen. Darum möchte ich sie Ihnen kurz vorstellen.

Die Bedeutung der Bindung

Die Bindung ist eine vertrauensvolle emotionale Beziehung zwischen zwei Menschen, die einander sehr viel bedeuten. (Eine solche Beziehung haben Sie hoffentlich zu Ihrem Ehepartner.) Wir wissen, dass Kinder, die diese emotionale Bindung zu ihren Eltern oder Betreuungspersonen nicht entwickelt haben, eine solche Beziehung auch im Erwachsenenalter nicht entwickeln können. Nach Bowlby können Eltern die Bindung fördern, indem sie für ihre Kinder da sind und auf deren emotionale und körperliche Bedürfnisse eingehen. Die Kinder finden in der Anwesenheit und Fürsorge ihrer Eltern Trost und lernen, darauf zu vertrauen. Durch die emotionale Bindung, die zwischen ihnen und ihren Eltern besteht, entwickeln sie ein Gefühl der Geborgenheit. Frühe Bindungstheoretiker waren der Überzeugung, der Schlüssel zum Aufbau einer Bindung liege darin, das Kind einfach nur mit Nahrung zu versorgen. Mit der Zeit jedoch entdeckten Psychologen, dass die erfolgreiche Bindung zwischen Eltern und Kind viel stärker durch die emotionale Versorgung des Kindes beeinflusst wird, zum Beispiel durch Kuscheln, Reden, Singen und alles andere, das eine positive Umgebung schafft.

Durch diese „seelische Nahrung" entwickeln Kinder ein gesundes Geborgenheitsgefühl, das es ihnen ermöglicht, ihre Umwelt selbstsicher zu erkunden. Ihre von Anfang an vorhandene Bindung an ihre Eltern befähigt sie außerdem, sich an andere Menschen zu binden, wenn sie älter werden. Die emotionale Nähe und Fürsorge der Eltern und ihre enge Beziehung zu ihrem Kind in den ersten Lebensjahren dienen dem Kind folglich als Vorbild. Sie prägen damit sein Vertrauen in die Beziehungen, die im weiteren Verlauf seines Lebens entstehen, und steuern diesbezüglich sein Verhalten. Diese Erkenntnis ist für Eltern ungeheuer wichtig. Darum sollten Sie als Eltern auch so viel Zeit wie möglich damit verbringen, eine Bindung zu Ihren kleinen Kindern in einer liebevollen, freundlichen und unterstützenden Atmosphäre aufzubauen.

Die emotionale Nähe und Fürsorge der Eltern und ihre enge Beziehung zu ihrem Kind in den ersten Lebensjahren dienen dem Kind folglich als Vorbild. Sie prägen damit sein Vertrauen in die Beziehungen, die im weiteren Verlauf seines Lebens entstehen.

Stufen der seelischen Entwicklung

Erik Erikson, ein Zeitgenosse von Bowlby, sah die Bindung als etwas so Wichtiges an, dass er „Vertrauen versus Misstrauen" als erste Stufe seines acht Stufen umfassenden psychosozialen Modells einführte. Diese erste Stufe setzte er zwischen der Geburt und dem Alter von eineinhalb Jahren an. In diesem Zeitraum erleben Säuglinge verschiedene Arten von Unsicherheit, die aber durch die verlässliche, liebevolle Zuwendung ihrer Eltern gemildert werden. Als Ergebnis der Beständigkeit und der emotionalen Wärme ihrer Eltern wird die Furcht des Säuglings durch die Hoffnung ersetzt, dass seine Bedürfnisse gestillt werden. Dieses Gefühl der Hoffnung verstärkt das gesunde Gefühl der Geborgenheit, das sich auf alle Aspekte des Lebens auswirkt.

„Autonomie versus Scham", die zweite Stufe in Eriksons psychosozialem Modell, bestimmt den Zeitraum zwischen eineinhalb und drei Jahren. In dieser Phase werden Kinder immer neugieriger auf ihre Umwelt und sind zugleich immer besser in der Lage, diese zu erforschen. Wenn Sie als Eltern Ihrem Kind eine sichere Erforschung der Umwelt erlauben und es dazu ermutigen, ermöglichen Sie es ihm, eine altersgerechte Freiheit zu erleben, die wiederum zu Gefühlen des Selbstvertrauens und des Selbstwerts führen.

> *Wenn Kinder daran glauben, dass sie im Leben erfolgreich sein können und dass sie wertgeschätzte Individuen sind, beeinflusst sie das ihr ganzes Leben lang positiv.*

Wenn Kinder daran glauben, dass sie im Leben erfolgreich sein können und dass sie wertgeschätzte Individuen sind, beeinflusst sie das ihr ganzes Leben lang positiv. Wenn ihnen diese gesunde Autonomie jedoch nicht gestattet wird und sie nicht die Gelegenheit bekommen, aus Fehlern zu lernen, empfinden Kinder Selbstzweifel und Scham. Sie kommen dann möglicherweise zu dem Eindruck, dass sie im Leben nicht erfolgreich sein können. Es ist also wichtig, dass Sie als Eltern Ihrem Kind eine gesunde, altersgemäße Unabhängigkeit zugestehen und es darin ermutigen.

Auf diese Weise verhelfen Sie ihm zu einem gesunden Gefühl der Autonomie.

„Initiative versus Schuld", Eriksons dritte Stufe, beschreibt die Phase zwischen drei und fünf Jahren. In dieser Zeit sind Kinder immer mehr daran interessiert, andere Kinder in ihr Spiel einzubeziehen. Sie stellen auch mehr Fragen und wollen eigene Entscheidungen treffen. Also ergreifen Kinder in diesem Alter stärker die Initiative. Wenn Ihr Kind dabei durch Sie als Eltern in angemessener Weise ermutigt wird, empfindet es ein steigendes Gefühl des Selbstwerts und der Entschlossenheit. Wird es jedoch von Ihnen nicht angemessen ermutigt, sondern unnötig entmutigt oder gar davon abgehalten, vernünftige Initiativen zu ergreifen, bekommt Ihr Kind den Eindruck, sein Handeln sei wertlos oder falsch. Es entwickelt Schuldgefühle, die auf der Entmutigung durch Sie als Eltern oder auf Ihrer Kritik beruhen.

> *Entscheidungen zu treffen lernen Kinder, indem sie Entscheidungen treffen.*

Natürlich liegen Kinder, genau wie Erwachsene, von Zeit zu Zeit falsch. Doch das gibt Ihnen als Eltern die Gelegenheit, die richtige Absicht hinter dem Fehlverhalten anzuerkennen und Ihrem Kind zu zeigen, wie man richtig die Initiative ergreift. Sie können Kinder beispielsweise dadurch ermutigen, dass Sie ihnen die Wahl zwischen zwei positiven Entscheidungen lassen. Sie könnten fragen: „Willst du dein Dreirad vor oder nach dem Abendessen hereinholen?" So kann Ihr Kind Initiative zeigen. Entscheidungen zu treffen lernen Kinder, indem sie Entscheidungen treffen.

Die vierte Stufe der psychosozialen Entwicklung lässt sich im Alter zwischen fünf und zwölf Jahren erkennen. Sie wird „Kompetenz versus Minderwertigkeit" genannt. Kinder bauen in dieser Spanne auf der Initiative auf, die sie hoffentlich in der davorliegenden Phase erworben haben. Nun wachsen sie rapide in ihrem Wissen, ihren Fähigkeiten und in ihrem Wunsch, erfolgreich zu sein. Sie möchten sich kompetent fühlen und von Gleichaltrigen akzeptiert werden. In dieser Phase suchen sie auch nach Anerkennung durch Eltern, Lehrer und Trainer.

Eltern, Freunde, Lehrer und andere Bezugspersonen können dazu beitragen, dass ein Kind sein Potenzial entfaltet. Wenn Kinder unterstützt und ermutigt werden, fühlen sie sich kompetent. Sie sind davon überzeugt, dass sie ihre Ziele erreichen und eine sehr gute Leistung erbringen können. Werden sie aber nicht unterstützt und ermutigt, sondern stattdessen unnötig kritisiert oder davon abgehalten, vernünftige Ziele zu erreichen, entwickeln sie Minderwertigkeitsgefühle und besitzen wenig Selbstvertrauen.

Wenn Sie Ihr Kind loben wollen, dann konzentrieren Sie sich dabei nicht auf den Erfolg, sondern auf die Bemühungen. Wenn ein Fünfjähriger sein Bett macht, könnten Sie zum Beispiel sagen: „Ich sehe, dass du dir große Mühe gegeben hast. Ich finde das richtig gut."

Zu einem späteren Zeitpunkt könnten Sie dann sagen: „Wenn du morgen wieder dein Bett machst, würde ich dir gerne etwas zeigen." Und dann geben Sie dem Kind einen Tipp. Das Kind wird diesen Ratschlag mit großer Wahrscheinlichkeit annehmen, weil es sich wertgeschätzt fühlt.

Wenn ein Zehnjähriger den Rasen mäht, sagen Sie nicht: „Du hast vergessen, unter den Büschen zu mähen. Siehst du nicht, dass da unten auch Gras wächst?" Loben Sie Ihr Kind lieber für das Gras, das es gemäht hat: „Danke für deine harte Arbeit im Garten. Ich bin wirklich sehr froh, dass du das gemacht hast."

Und am nächsten Samstag erklären Sie Ihrem Kind, bevor es wieder den Rasen mäht, wie es das Gras unter den Büschen wegbekommt: „Siehst du das Gras unter den Büschen? Da kommt man schwer ran. Du musst den Mäher hin und her schieben, aber das schaffst du bestimmt."

Wetten, dass es jetzt klappt? Lob und Anerkennung helfen dem Kind dabei, Selbstvertrauen zu entwickeln.

Ich möchte nicht weiter auf die anderen Stufen eingehen, die Erikson anführt, denn das würde den Rahmen dieses Buches sprengen. Ich hoffe aber, dass Sie gesehen haben, wie wichtig es ist, zu einer gesunden seelischen Entwicklung Ihres heranwachsenden Kindes beizutragen.

Fassen wir also zusammen: Die vier Bereiche, in denen ein Kind sich seelisch gesund entwickeln sollte, sind

- Bindung statt Vernachlässigung;
- Autonomie statt Scham;
- Initiative statt Schuldgefühle;
- Selbstvertrauen statt Minderwertigkeitsgefühle.

Ich will damit nicht sagen, dass körperliche Bedürfnisse unwichtig sind. Ganz im Gegenteil! Ohne Essen, ohne ein Dach über dem Kopf, ohne Luft, Wasser, Wärme und Schlaf kann ein Kind nicht überleben. Auch für seine Sicherheit muss gesorgt sein. Über die Bedeutung von Grenzen haben wir bereits im vorangegangenen Kapitel nachgedacht. Es ist sehr wichtig, all diese Bedürfnisse zu erfüllen. Doch wir dürfen die seelische Entwicklung unseres Kindes nicht vernachlässigen. Hier haben wir als Eltern den größten Einfluss.

> *Wir dürfen die seelische Entwicklung unseres Kindes nicht vernachlässigen. Hier haben wir als Eltern den größten Einfluss.*

Wenn Eltern ihre Kinder lieben und für sie sorgen, ist die Wahrscheinlichkeit groß, dass auch die Kinder später einmal sich selbst und andere lieben und versorgen werden. Eltern, die selbst seelisch gesund sind, hegen instinktiv den Wunsch, ihre Babys zu lieben und für sie zu sorgen. Doch sobald die Kinder aus dem Säuglingsalter heraus sind, unabhängiger und eigenständiger werden, geben sich Eltern häufig nicht mehr so bewusst Mühe, ihre Liebe zum Ausdruck zu bringen und die Beziehung zu ihren Kindern weiter zu stärken. Sie übernehmen andere Pflichten und gehen davon aus, dass bei ihren Kindern alles in Ordnung ist, solange sie körperlich gesund sind.

Doch es kann vorkommen, dass ein Kind zwar körperlich fit ist, aber seelisch nicht. Wir alle kennen Erwachsene, die mit Minderwertigkeitsgefühlen, Wut, Schuldgefühlen, Scham und Einsamkeit zu kämpfen haben. Sie sind körperlich gesund, aber sie haben seelische Probleme. Und die beeinträchtigte seelische Gesundheit kann sich negativ auf ihre Beziehungen und ihren Beruf auswirken. Das wollen wir als Eltern für unsere Kinder nicht. Darum müssen wir uns bewusst um ihre emotionalen Bedürfnisse kümmern.

Der Liebestank Ihres Kindes

Während Sie mit Ihrem Kind gemeinsam die genannten Entwicklungsphasen durchleben, besteht meiner Meinung nach das größte emotionale Bedürfnis eines Kindes darin, sich von seinen Eltern geliebt zu fühlen. Sich geliebt fühlen ist die wichtigste Zutat für eine emotionale Bindung zwischen Kind und Eltern. Es ist auch die Grundlage dafür, dass ein Kind zu Selbstständigkeit, Initiative und Selbstvertrauen ermutigt wird. Ich stelle mir gern bildlich vor, dass sich in der Seele jedes Kindes ein Liebestank befindet. Wenn der Tank gefüllt ist – das heißt, wenn das Kind sich von seinen Eltern aufrichtig geliebt fühlt –, wächst es zu einem selbstsicheren, liebevollen Erwachsenen

> *Sich geliebt fühlen ist die wichtigste Zutat für eine emotionale Bindung zwischen Kind und Eltern.*

heran, der gesunde Beziehungen aufbaut und seine Ziele erreichen kann. Wenn ein Kind sich aber von seinen Eltern nicht geliebt fühlt, wächst es mit vielen seelischen Problemen heran. Dann besteht vermehrt die Gefahr, dass es später als Teenager oder Erwachsener an den falschen Orten nach Liebe sucht.

Die meisten Eltern lieben ihre Kinder, aber nicht alle Kinder fühlen sich geliebt. Es reicht nicht, wenn wir uns als Eltern aufrichtig bemühen; wir müssen auch sicherstellen, dass wir tatsächlich emotional mit unserem Kind verbunden sind.

Vor Jahren entdeckte ich, dass es im Grunde genommen fünf Wege gibt, auf denen Kinder Liebe empfangen. Ich nenne sie „Die fünf Sprachen der Liebe". Von diesen fünf hat jedes Kind eine „Muttersprache", das heißt, diese Sprache berührt das Kind emotional tiefer als die anderen vier. Wenn Sie als Eltern nicht diese Muttersprache der Lie-

Die meisten Eltern lieben ihre Kinder, aber nicht alle Kinder fühlen sich geliebt.

be mit Ihrem Kind sprechen, wird es sich nicht geliebt fühlen, auch wenn Sie Ihre Liebe in einer der vier anderen Sprachen zum Ausdruck bringen.

Das erklärt, warum ein Dreizehnjähriger bei mir im Büro sitzt und erklärt: „Meine Eltern lieben mich nicht. Sie lieben meinen Bruder, aber mich nicht."

Ich kenne seine Eltern und weiß, dass sie ihn lieben. Ich bin mir sicher, dass sie ziemlich geschockt wären, wenn sie diese Worte von ihm hören würden! Das Problem besteht darin, dass seine Eltern nie seine Muttersprache der Liebe gelernt haben. Um bei Ihnen und Ihrem Kind eine solche Situation zu vermeiden, möchte ich Ihnen kurz diese fünf Sprachen erklären und Ihnen zeigen, wie Sie die Muttersprache der Liebe bei Ihrem Kind entdecken können.

 *Lob und Anerkennung*

Es gibt ein altes hebräisches Sprichwort, das besagt: „Worte haben Macht: Sie können über Leben und Tod entscheiden."[11] Das ist sicherlich richtig, wenn es darum geht, wie Sie mit Ihrem Kind sprechen. Harte, kritische Worte töten das Selbstvertrauen und schaffen Angst und Wut. Positive, ermutigende Worte flößen Mut und Selbstsicherheit ein. „Ich mag deine schönen roten Haare. Deine Armmuskeln sind richtig stark geworden. Ich bin dir sehr dankbar, dass du mir mit dem Geschirr hilfst. Danke, dass du deine Spielsachen mit Tommy geteilt hast." All das sind Worte des Lobs und der Anerkennung.

Für ein Baby wirkt sich der Tonfall selbst positiv auf seine seelische Gesundheit aus, nicht die Aussage selbst. Mit einer liebevollen, lustigen Stimme kann man sagen: „Du bist das süßeste Baby auf der ganzen Welt. Ja, das bist du." Oder man sagt im gleichen Tonfall: „Du bist das gemeinste Baby auf der ganzen Welt. Ja, das bist du."

Der Säugling versteht die Worte nicht, aber er empfindet durch den Tonfall Bestätigung. Doch schon ein paar Monate später werden auch die Worte selbst zusammen mit dem Tonfall äußerst wichtig.

Zweisamkeit – Zeit nur für dich

Das ist die Zeit, in der unser Kind unsere ungeteilte Aufmerksamkeit erhält. Egal, ob wir mit ihm spielen, an einem Schulprojekt arbeiten oder uns mit ihm unterhalten: Wichtig ist, dass unsere ganze Aufmerksamkeit dem Kind gilt. Wenn wir nebenbei eine WhatsApp schreiben, ist das keine Zweisamkeit mehr (es sei denn, wir bringen unserem Kind gerade bei, wie man eine Textnachricht versendet).

Geschenke, die von Herzen kommen

Während meines Anthropologie-Studiums entdeckte ich, dass Schenken eine universale Liebessprache ist. Ein Geschenk übermittelt die Botschaft: *Ich habe an dich gedacht. Ich glaube, das gefällt dir. Ich liebe dich.* Ein Geschenk muss nicht teuer sein. Der Gedanke zählt. Ich erinnere Eltern gerne daran, dass ein Geschenk nicht an Forderungen oder Erwartungen geknüpft sein sollte. Wenn wir sagen: „Ich schenke dir diese Süßigkeit, wenn du dein Zimmer aufräumst", dann ist die Süßigkeit kein Geschenk, sondern die Bezahlung für einen geleisteten Dienst. Ich will damit nicht sagen, dass wir unsere Kinder nicht für bestimmte Arbeiten bezahlen dürfen. Ich weise nur darauf hin, dass das kein Geschenk ist. Das Wort *Geschenk* geht auf das griechische Wort *Gnade* zurück, das so viel wie „unverdiente Gunst" bedeutet.

Als Eltern schenken wir verantwortungsbewusst. Wir geben unserem Kind nichts, was ihm schaden könnte. Wir müssen unserem Kind auch kein Smartphone schenken, nur weil „alle eins haben". Als Eltern brauchen wir ein gutes Urteilsvermögen, wenn es um die Geschenke für unsere Kinder geht. Wenn wir den Wutausbrüchen unseres Kindes nachgeben und ihm alles geben, was es will, dann sind wir diejenigen, die manipuliert werden.

Hilfsbereitschaft

„Taten sprechen lauter als Worte." Dieses Sprichwort kennen Sie wahrscheinlich. Aber für manche Kinder gilt das ganz besonders. Bei einem Neugeborenen oder einem Baby, das erst wenige Monate alt ist, können wir nur diese Sprache der Liebe sprechen. Ein Säugling ist hilflos. Wir müssen ihn füttern und wickeln, ihn herumtragen und ihn anziehen. Ein Baby kann nicht für sich selbst sorgen.

Wenn ein Kind älter wird, dann sprechen wir die Sprache der Hilfsbereitschaft, indem wir Puppenkleider flicken, Dreiräder reparieren, den Fußball aufpumpen usw. Und wenn die Kinder noch älter werden, sprechen wir diese Sprache, indem wir ihnen etwas beibringen, was sie dann selbstständig tun können. Es ist viel mühsamer, einem Kind das Kochen beizubringen, als es selbst zu tun, aber diese Fähigkeit wird dem Kind in Zukunft noch viel nützen.

Zärtlichkeit

Schon lange weiß man um die Macht der zärtlichen Berührung. Darum nehmen wir unsere Babys auf den Arm, streicheln sie und flüstern ihnen jede Menge Unsinn ins Ohr. Noch lange bevor sie die Bedeutung des Wortes „Liebe" kennen, fühlen Kinder sich durch zärtliche Berührungen geliebt. Alle Studien bestätigen, dass Säuglinge, die getragen, gestreichelt und geküsst werden, ein gesünderes Seelenleben entwickeln als Kinder, die lange Zeit ohne Körperkontakt bleiben müssen.

Wenn aus dem Säugling ein Kleinkind und aus dem Kleinkind ein Schulkind geworden ist, vermindert sich das Bedürfnis nach liebevollen Berührungen keineswegs. Alle Kinder brauchen Zärtlichkeit, aber für manche ist das die deutlichste Stimme der Liebe. Ohne Zärtlichkeit wird ihre seelische Gesundheit beeinträchtigt.

Wie oben bereits angedeutet, hat jedes Kind eine persönliche Liebessprache, durch die es viel tiefer erreicht wird als durch die anderen vier Sprachen. Wenn das Kind nicht intensiv in seiner Muttersprache der Liebe angesprochen wird, fühlt es sich nicht geliebt, obwohl die Eltern mit ihm in einer oder mehreren der anderen vier Sprachen kommunizieren.

> *Wenn das Kind nicht intensiv in seiner Muttersprache der Liebe angesprochen wird, fühlt es sich nicht geliebt.*

So entdecken Sie die Liebessprache Ihres Kindes

Wie aber finden Sie heraus, welche Sprache für Ihr eigenes Kind die Muttersprache der Liebe ist? Im Folgenden lesen Sie drei Fragen, die Sie sich stellen können, wenn Sie auf der Suche nach der richtigen Liebessprache sind:

Frage Nr. 1: Wie verhält sich Ihr Kind?
Beobachten Sie, wie Ihr Kind auf Sie als Eltern oder auf andere Bezugspersonen zugeht. Wenn es Ihnen ständig bei irgendetwas helfen will, dann ist *Hilfsbereitschaft* wahrscheinlich seine Muttersprache. Überreicht es Ihnen häufig *Geschenke*, dann ist das seine bevorzugte Liebessprache. Die Sprache meines Sohnes ist *Zärtlichkeit*. Ich begriff das, als er ungefähr drei oder vier Jahre alt war. Wenn ich nachmittags nach Hause kam, rannte er zur Haustür, packte mich am Bein und wollte hochgenommen werden. Wenn ich mich hinsetzte, krabbelte er auf mir herum. Er berührte mich, weil er berührt werden wollte.

Meine Tochter machte so etwas nie. Sie sagte: „Papa, komm mal mit in mein Zimmer, ich will dir was zeigen." Sie wollte meine ungeteilte Aufmerksamkeit – die *Zweisamkeit*. Wenn Ihr Kind oft „Danke, Mama" sagt oder „Das hast du aber gut gemacht, Mama", dann liegt die Schlussfolgerung nahe, dass *Lob und Anerkennung* seine persönliche Liebessprache ist.

Frage Nr. 2: Worüber beklagt sich Ihr Kind?
Ein Vierjähriger beschwert sich: „Wir gehen gar nicht mehr zusammen auf den Spielplatz, seit das Baby da ist." Er beklagt sich über einen Mangel an *Zweisamkeit*.

Ein anderes Kind äußert gegenüber der Mutter: „Papa hat mein Fahrrad immer noch nicht repariert." Das ist ein Ruf nach *Hilfsbereitschaft*. Beschwerden offenbaren häufig, welche Liebessprache für das Kind die wichtigste ist.

Frage Nr. 3: Worum bittet Ihr Kind?
Ein Kind, das die Eltern fragt, ob sie mit ihm spielen oder ihm etwas vorlesen können, bittet um *Zweisamkeit*. Wenn ein Kind sich gerne den Rücken massieren lässt, ist es an *Zärtlichkeit* interessiert. Fragt ein Kind immer wieder nach Feedback für das, was es gemacht hat, dann könnte *Lob und Anerkennung* seine Muttersprache der Liebe sein. Fragen wie: „Mama, was hältst du von dem Referat, das ich geschrieben habe?" oder „Was denkst du, passt das T-Shirt zur Hose?" oder „Papa, wie war ich bei dem Fußballspiel?" sind Bitten um *Lob und Anerkennung*.

Wenn Sie alle drei Dinge zusammennehmen: beobachten, wie Kinder ihre Liebe zum Ausdruck bringen; ihre Klagen wahrnehmen; ihre Bitten genau anhören, dann werden Sie mit großer Wahrscheinlichkeit die persönliche Liebessprache Ihres Kindes entdecken.

Das soll aber nicht heißen, dass Sie von nun an nur noch die Muttersprache Ihres Kindes sprechen sollten. Ich lege Ihnen aber nahe, regelmäßig und oft in der wichtigsten Liebessprache Ihres Kindes zu kommunizieren, dazu natürlich auch in den anderen vier Sprachen. Wir möchten ja unseren Kindern beibringen, in allen fünf Sprachen Liebe zu verschenken und zu empfangen. Das trägt zur seelischen Gesundheit bei und bereitet das Kind am besten auf gesunde Beziehungen im Erwachsenenalter vor.

Es kann sein, dass Sie selbst nicht gelernt haben, wie man in manchen der fünf Sprachen Liebe verschenkt und empfängt.

> *Wir möchten ja unseren Kindern beibringen, in allen fünf Sprachen Liebe zu verschenken und zu empfangen.*

Wenn Sie zum Beispiel als Kind nie gelobt wurden, fällt es Ihnen schwer, Ihrem Kind gegenüber Worte der Anerkennung zu finden. Die gute Nachricht ist aber, dass Sie auch als Erwachsener noch alle Liebessprachen lernen können! Lassen Sie nicht zu, dass Ihre eigene Kindheitserfahrungen Sie daran hindern, die seelischen Bedürfnisse Ihrer Kinder zu erfüllen. (Weitere praktische Tipps finden Sie in dem Buch *Die fünf Sprachen der Liebe für Kinder*, das ich gemeinsam mit dem Psychiater Dr. Ross Campbell geschrieben habe.[12] Sie können auch im Internet recherchieren: www.diefuenfsprachenderliebe.de.)

Eltern, die als Kinder schwer misshandelt oder traumatisiert wurden und sich folglich seelisch beeinträchtigt und mit ihrer Elternrolle überfordert fühlen, rate ich dringend zu einer Therapie. Verletzungen, Wut, Angst, Depressionen und andere negative Gefühle verschwinden im Laufe der Zeit nicht von selbst. Ich empfehle außerdem, sich einer Selbsthilfegruppe anzuschließen, wie sie manchmal von Kirchen oder anderen Organisationen angeboten wird. Indem Sie Hilfe in Anspruch nehmen, begeben Sie sich auf den Weg zu Ihrer inneren Heilung. Ihr Kind hat es verdient, dass Sie sich mit aller Kraft darum bemühen.

In manchen Fällen sprechen Eltern und Kinder dieselbe Muttersprache der Liebe. Dann müssen Sie als Eltern nur daran denken, mit Ihrem Kind in Ihrer eigenen Liebessprache zu kommunizieren. Andere Eltern, die nicht dieselbe Liebessprache sprechen wie ihre Kinder, müssen jedoch die Sprache ihres Kindes bewusst lernen. Ähnlich wie beim Erlernen einer Fremdsprache kostet dies Mühe. Mit der Zeit jedoch wird es einfacher und fühlt sich natürlicher an. Der Lohn besteht darin zu sehen, wie das eigene Kind innerlich aufblüht. Und ich versichere Ihnen: Das ist jede Mühe wert!

Ich wünschte, ich hätte das alles gewusst, was in diesem Kapitel steht, bevor wir Eltern wurden. Und ich hoffe, dass es

Ihnen hilft, die seelische Gesundheit Ihres heranwachsenden Kindes zu fördern.

Jetzt mal ehrlich

Fragen zum Nachdenken und Diskutieren

1. Haben Sie den Eindruck, dass die Bindung zu Ihrer Mutter in Ihrer frühen Kindheit tief und beständig war? Wie sah die Bindung zu Ihrem Vater aus? Wie wirkt sich das Ihrer Meinung nach auf Ihr Erwachsenenleben aus?

2. In welcher Hinsicht wollen Sie sich anders als Ihre Eltern verhalten, wenn es um die Bindung zwischen Ihnen und Ihrem Kind geht?

3. Wo würden Sie Ihr Selbstbewusstsein auf einer Skala zwischen 0 und 10 einordnen? Worin sehen Sie die Ursachen dafür?

4. Wie stark waren bei Ihnen Gefühle der Schuld, der Scham und der Minderwertigkeit in den Teenagerjahren auf einer Skala zwischen 0 und 10? Was waren die Ursachen dafür?

5. Wie sehr fühlten Sie sich von Ihren Eltern geliebt, als Sie heranwuchsen – auf einer Skala zwischen 0 und 10? Warum?

6. Wie sehr fühlen Sie sich von Ihrem Ehepartner geliebt? Sprechen Sie die Liebessprache des anderen? Wenn Sie die Liebessprache Ihres Partners nicht kennen, reden Sie darüber und finden Sie sie heraus.

7. In den ersten drei Jahren werden Sie die persönliche Liebessprache Ihres Kindes nicht erkennen können. Also
   kommunizieren Sie in allen fünf Sprachen mit ihm. Wenn
   Ihr Kind etwa drei Jahre alt ist, können Sie sein Verhalten
   beobachten und werden dann sehr wahrscheinlich seine
   Muttersprache der Liebe entdecken. Lassen Sie Ihr Kind
   Ihre Liebe durch diese Sprache intensiv erfahren, doch
   sprechen Sie auch immer wieder die vier anderen Sprachen. So wird Ihr Kind in der Gewissheit heranwachsen,
   dass es geliebt ist. Es gibt fast nichts, was wichtiger für die
   seelische Gesundheit Ihres Kindes ist.

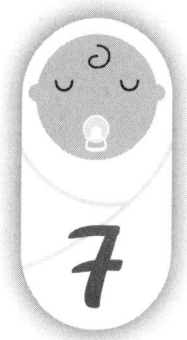

Wenn ich das nur gewusst hätte ...

Kinder werden durch unser Vorbild stark beeinflusst

Ziemlich ernüchternd war für mich folgende Frage: *Was ist, wenn meine Kinder genauso werden wie ich?*

Ich stellte mir diese Frage nicht, bevor meine Tochter und mein Sohn geboren wurden; auch nicht, als sie Babys und Kleinkinder waren. Sie tauchte erst ein paar Jahre später auf, als ich bei meinen Kindern Charakterzüge entdeckte, die ich auch bei mir sah; manche davon waren positiv, manche auch nicht. Mir diese einfache Frage zu stellen half mir bei mancher Entscheidung.

Es ist eine nüchterne Tatsache: Die Wahrscheinlichkeit, dass Ihre Kinder genauso werden wie Sie, ist ziemlich groß. Wir wissen, dass das Vorbild der Eltern den größten Einfluss auf ihre Kinder hat.

Bestimmt wollen auch Sie Ihren Kindern ausführlich erklären, dass sie freundlich sein sollen, höflich, geduldig, vergebungsbereit, bescheiden, großzügig und ehrlich. Vielleicht lesen Sie ihnen auch Bücher zu diesen Themen vor. Doch Ihr Verhalten, Ihr Vorbild ist viel wichtiger als Ihre Worte. Ihre Kinder werden viel stärker durch das beeinflusst, was Sie *tun*, als durch das, was Sie *sagen*.

> *Es ist eine nüchterne Tatsache: Die Wahrscheinlichkeit, dass Ihre Kinder genauso werden wie Sie, ist ziemlich groß.*

Je mehr Ihr Verhalten mit dem übereinstimmt, was Sie mit Worten ausdrücken, desto größeren Respekt werden Ihre Kinder vor Ihnen haben. Und je größer die Kluft zwischen Ihren Worten und Ihrem Verhalten ist, desto weniger Respekt werden Ihre Kinder vor Ihnen haben. Das bedeutet nicht, dass Sie perfekt sein müssen, sondern dass Sie sich auch mal für Ihr Versagen entschuldigen und um Verzeihung bitten sollten. (Mehr dazu in Kapitel 8.)

Es gibt in der englischen Sprache eine Redewendung: „Do as I say, not as I do" (etwa: „Tu, was ich sage, und nicht, was ich tue"). Vielleicht haben Sie das Gefühl, Sie hätten das Problem im Griff, wenn Sie es nur deutlich ausgesprochen haben, und es sei dann egal, wie Sie sich verhalten. Doch das hilft Ihrem Kind nicht bei seiner Charakterentwicklung. Was Sie tun, spricht so laut, dass Ihre Kinder nicht hören können, was Sie sagen. Wenn aber Ihr Verhalten das widerspiegelt, was Sie sagen, dann fördern Ihre Worte das Verständnis Ihrer Kinder für das, was Sie sagen.

Sind Sie bereit? Denn jetzt müssen Sie tapfer sein, wenn Sie sich den folgenden Fragen stellen wollen:

Was ist, wenn mein Kind später einmal …

- … mit seiner Wut so umgeht, wie ich es tue?
- … seinen Ehepartner genauso behandelt wie ich meinen Ehepartner?
- … so Auto fährt wie ich?
- … dieselbe Einstellung zur Arbeit hat wie ich?
- … mit anderen Menschen so redet, wie ich es tue?
- … mit Konflikten so umgeht wie ich?
- … Alkohol und Drogen konsumiert wie ich?
- … eine ähnlich gute Beziehung zu Gott hat wie ich?
- … so mit Geld umgeht wie ich?
- … seine Verwandten so behandelt, wie ich es tue?
- … mit seinen Kindern so umgeht wie ich?

Natürlich können Sie die Liste beliebig mit anderen Fragen erweitern.

Und? Wie geht es Ihnen mit diesen Fragen?

Ich gebe zu, ich muss immer noch jedes Mal kräftig schlucken, wenn ich diese Liste durchlese. Und ich gebe zu, dass das ein eher düsterer Anfang für dieses Kapitel war. Aber ich hoffe sehr, dass Sie sich all diese Fragen viel früher stellen, als ich es tat. Vielleicht ist sogar jetzt der richtige Zeitpunkt, darüber nachzudenken und ehrliche Antworten zu suchen. Wenn Veränderungen in Ihrem Verhalten oder Ihrem Lebensstil auf Sie zukommen – warum beginnen Sie nicht jetzt damit, bevor das Baby geboren wird oder bevor Ihre Kinder alt genug sind, dass sich Ihre negativen Angewohnheiten in ihrem Verhalten widerspiegeln?

> *Was Sie tun, spricht so laut, dass Ihre Kinder nicht hören können, was Sie sagen.*

Erinnerungen an die eigene Kindheit

Womöglich ist es einfacher, wenn Sie damit anfangen, über Ihre eigenen Kindheitserfahrungen nachzudenken. Die meisten Menschen haben glückliche und weniger glückliche Erinnerungen an die eigene Kindheit. Es ist immer einfacher, mit dem Positiven anzufangen. Eine meiner positiven Erinnerungen ist der Gedanke daran, wie ich gemeinsam mit meinem Vater in unserem Gemüsegarten arbeitete. Er zeigte mir, wie man Mais anbaut, Bohnen, Kürbisse, Tomaten, Kartoffeln, Rüben und Paprika. Ich sehe immer diese vielen Pflanzen vor mir, die in unserem Garten wuchsen. Im Rückblick erkenne ich, dass ich in meiner Einstellung zur Arbeit viel von meinem Vater gelernt habe.

Auch Shannon kann von positiven Kindheitserinnerungen berichten:

Meine Mutter spielte bei uns in der Kirche Orgel und übte regelmäßig zu Hause dafür. Wir sangen in der Kirche. Wir sangen zu Hause. Ich denke gern daran zurück, wie ich Musik hörte und im Auto zusammen mit meiner Mutter zur Radiomusik sang. Ich wuchs in den Siebziger- und Achtzigerjahren auf und mag immer noch die Lieder aus dieser Zeit. Doch als Kind trällerte ich die Lieder aus den Fünfziger- und Sechzigerjahren, als ob sie die größten aktuellen Hits seien, denn die klangen meistens aus dem Autoradio meiner Mutter. Auch heute noch ertappe ich mich dabei, wie ich manchmal Klassiker wie „Chances Are" (von Johnny Mathis) und „Mr Sandman" (The Chordettes) singe.

Meine Mutter sang mir regelmäßig die hübsche alte und vertraute Melodie vor: „You are my sunshine, my only sunshine". Ich kenne jedes Wort dieses Jimmy-Davis-Songs auswendig und singe ihn heute meinen eigenen Kindern vor. Mit zwei Jahren fing Presley an, mit mir zusammen zu singen. Wenn ich mit meinen Kindern singe, dann sehe ich meine Mutter vor mir, wie sie mit mir sang.

Viele von uns können auf solche kostbaren Momente in ihrer Kindheit zurückblicken – wir erinnern uns, wie wir eine enge Bindung zu unseren Eltern knüpften durch Musik, Sport, Camping, Vorlesen, Gartenarbeit und Kochen. Wir haben viele Dinge lieben gelernt, die auch unsere Eltern liebten. Wir sahen ihnen zu und lernten vieles von dem schätzen, was ihnen auch wichtig war. Rodney Atkins singt in einem Lied: „I want to do everything you do, so I've been watching you"[13] – „Ich möchte alles tun, was du tust, darum schaue ich dir zu." Dieses Lied macht deutlich, dass Kinder gern wie ihre Eltern sein wollen und darum oft Dinge tun und sagen, die sie bei ihren Eltern gesehen und gehört haben.

Natürlich haben viele Erwachsene auch schmerzliche Kindheitserinnerungen, zum Beispiel an Eltern, die sich vor den Kindern oder hinter verschlossenen Türen stritten. Die harten Worte klingen ihnen immer noch im Ohr, wenn sie selbst längst erwachsen sind. Andere Menschen sehen noch das Gesicht ihres betrunkenen Vaters vor sich, der sie beschimpfte und Dinge sagte, die sich tief in ihr Gedächtnis eingebrannt haben.

Häufig gibt es für diese Erwachsenen zwar auch angenehme Erinnerungen, doch ihre Kindheit war überwiegend von Angst, Verletzungen, Wut und fehlender Geborgenheit geprägt. Wenn wir erwachsen sind, können jedoch auch schlechte Erinnerungen für uns hilfreich sein. Wir wissen dann zumindest, was wir nicht tun sollten, wenn wir verantwortungsvolle Eltern sein wollen.

Nun kommt mein Vorschlag für Sie: Nehmen Sie sich Stift und Zettel und schreiben Sie alle positiven Züge auf, die Sie bei Ihrer Mutter und Ihrem Vater sahen. Dann fragen Sie sich: Welche dieser Charakterzüge sehe ich auch bei mir?

Als Nächstes erstellen Sie eine Liste mit den negativen Dingen, die Sie bei Ihren Eltern beobachtet haben, und fragen sich: Was davon entdecke ich auch bei mir? Diese Übung hilft Ihnen zu erkennen, wie stark Sie durch das Vorbild Ihrer Eltern beeinflusst wurden.

Wir können für den guten Einfluss unserer Eltern dankbar sein und uns darauf konzentrieren, die negativen Züge, die wir bei uns entdecken, zu verändern. Wir konnten uns unsere Eltern und unsere Kindheitserfahrungen nicht aussuchen. Aber wir müssen nicht das negative Beispiel unserer Eltern wiederholen. Wenn wir uns zur Veränderung entschließen, haben wir die Hilfe Gottes und vieler Menschen, die uns ermutigen, auf unserer Seite. Und ich kann Ihnen versichern: Gottes liebste Beschäftigung ist die positive Veränderung von Menschenleben! Tausende haben schon die Erfahrung gemacht, dass sie Gottes helfende Hand fanden, als sie sich an ihn wandten, damit er ihnen die Kraft gab, zerstörerische Gewohnheiten zu verändern. Auch unsere Freunde helfen uns, wenn wir bereit sind, sie an unseren Problemen teilhaben zu lassen.

> *Wir können für den guten Einfluss unserer Eltern dankbar sein und uns darauf konzentrieren, die negativen Züge, die wir bei uns entdecken, zu verändern.*

Veränderungen in Angriff zu nehmen, kann ein schwieriger und schmerzhafter Prozess sein. Wenn Sie sich mit Ihrer Kindheit beschäftigen, steigen vielleicht auch lange zurückliegende Verletzungen an die Oberfläche. Deshalb möchte ich Ihnen ans Herz legen, sich nicht allein auf diesen Weg zu machen. Vielleicht haben Sie eine Gruppe von Menschen, denen Sie vertrauen, z.B. in einem Hauskreis Ihrer Gemeinde. Oder suchen Sie den Rat eines Seelsorgers oder Mentors. Und auch, wenn dieser Weg steinig und unbequem ist, wird er Sie zu

Ihrem Ziel bringen: Ihrem Kind eine gute Mutter, ein guter Vater zu werden.

Fünf Schritte, um ein besseres Vorbild zu werden

Shannon und ich stellen Ihnen nun fünf Schritte vor, die Ihnen helfen wollen, zu dem Vorbild zu werden, das Sie gern für Ihre Kinder wären.

Schritt 1: Wo stehe ich gerade?

Zuerst legen Sie Ihre Hand in Gottes Hand und *stellen ehrlich fest, wo Sie sich gerade auf Ihrem Weg befinden.* Seien Sie aufrichtig zu sich selbst, zu Ihrem Partner und zu Ihren engsten Freunden. Ehrlichkeit ist der erste Schritt zur Veränderung. Das bedeutet, dass Sie bereit sein müssen, über Ihr Leben nachzudenken. Stellen Sie sich unbequemen Fragen: *Was muss ich verändern, um zu dem Vorbild zu werden, das ich meinen Kindern geben möchte?*

Vielleicht ist es einfacher, wenn Sie mit Ihren positiven Charakterzügen anfangen. Wo liegen Ihre Stärken? Was können Sie gut? Sie könnten zum Beispiel die Fragenliste am Anfang dieses Kapitels durchlesen und sich überlegen: *In welchen von diesen Bereichen bin ich ganz gut?* Oder Sie betrachten die sieben Charakterzüge, die wir oben aufgeführt haben: Freundlichkeit, Höflichkeit, Geduld, Vergebungsbereitschaft, Bescheidenheit, Großzügigkeit und Ehrlichkeit. Stellen Sie sich hier dieselbe Frage: *In welchen von diesen Bereichen bin ich ganz gut?* Sie können sich auch für jeden dieser Charakterzüge auf einer Skala von 0 bis 10 selbst einordnen. Ich habe

> *Ich habe noch niemals einen Menschen getroffen, der nicht mehrere positive Züge hatte.*

noch niemals einen Menschen getroffen, der nicht mehrere positive Züge hatte. Wenn Sie heute jemanden angelächelt haben, dann ist das ein Ausdruck von Freundlichkeit. Wenn Sie nicht gehupt haben, als der Wagen vor Ihnen an der Ampel nicht gleich bei Grün losgefahren ist, dann ist das ein Zeichen von Geduld.

Verbuchen Sie das, was Sie an Positivem bei sich selbst entdeckt haben, als Erfolg. Notieren Sie sich Ihre guten Charakterzüge und lesen Sie sich diese Liste jeden Tag durch, um sich daran zu erinnern, wo Sie schon auf einem guten Weg sind.

Nun nehmen Sie sich die Liste mit den Fragen oder den Charaktereigenschaften ein zweites Mal vor und schreiben sich auf, in welchen Bereichen Sie nicht so gut sind und wo Sie etwas verändern möchten. Die Punkte herauszufinden, in denen Sie sich weiterentwickeln wollen, ist der erste Schritt in Richtung Ehrlichkeit sich selbst gegenüber. Wenn Sie ganz mutig sind, zeigen Sie die Liste Ihrem Partner und sagen ihm oder ihr, dass Sie sich ehrlich darum bemühen wollen, in diesen Bereichen zu wachsen.

Schritt 2: Welche Fortschritte mache ich?

Der zweite Schritt heißt: *die eigenen Fortschritte überprüfen*. Ein aktives Überprüfen der eigenen Fortschritte erfordert, dass Sie sich selbst bewusst beobachten. Instinktiv haben wir Eltern unsere Kinder im Blick, um deren Gesundheit, Sicherheit und gutes Benehmen zu beobachten. Auf uns selbst aber achten wir in der Regel nicht so häufig und wenn doch, dann unterschätzen wir meistens den Einfluss und die Folgen unseres Verhaltens auf unsere Kinder. Indem wir uns selbst prüfen, können wir als Eltern klarer erkennen, ob sich bei uns das zeigt, was wir selbst als positive oder negative Gedanken, Gefühle, Worte oder Handlungen in Gegenwart unserer Kinder bezeichnen würden.

Eine zusätzliche und vielleicht noch objektivere Perspektive ergibt sich jedoch, wenn wir uns nicht nur selbst beobachten, sondern auch andere Menschen, denen wir vertrauen, darum bitten, uns ihre Wahrnehmung mitzuteilen. Das Feedback von außen kann uns dabei helfen, die eigene Einschätzung entweder bestätigt zu bekommen oder sie zu korrigieren. Fast immer besteht ein Unterschied zwischen dem, wie wir uns selbst einschätzen und wie andere uns sehen. Reagieren Sie also nicht beleidigt, wenn ein Freund oder eine Freundin Ihnen sagt, dass Sie meistens angespannt wirken und selten lächeln. Atmen Sie tief durch und danken Sie Ihren Freunden für die ehrliche Antwort. Lassen Sie sie wissen, dass Sie über das Gesagte nachdenken werden.

So wie wir uns wünschen, dass unsere Kinder im Leben dazulernen und sich weiterentwickeln, sollten wir auch selbst dazu bereit sein. Wenn wir für Dazulernen und Veränderungen offen sind, motiviert es unsere Kinder, das auch zu tun.

> *Fast immer besteht ein Unterschied zwischen dem, wie wir uns selbst einschätzen und wie andere uns sehen.*

Ein aktives Überprüfen erfordert auch, dass wir unsere Kinder beobachten. Als Eltern sollten wir besonders darauf achten, wie unsere Kinder auf bestimmte alltägliche Ereignisse und Begegnungen reagieren. Was sagen sie? Was tun sie? Auf diese Weise stellen wir oftmals überrascht fest, dass unsere Kinder das Gleiche tun und sagen wie wir selbst.

Wenn ein kleines Kind sagt: „Ich mag unser neues Haus", weil es diesen Satz auch von seinen Eltern gehört hat, kann sich das noch ganz süß anhören. Es ist auch bezaubernd, wenn ein Kind zu seiner kleinen Schwester sagt: „Guten Morgen, du Hübsche", weil es das von seinen Eltern aufgeschnappt hat. Doch die Worte und das Verhalten unserer Kinder sind nicht mehr so niedlich, wenn sie Erwachsene oder andere Kinder anschreien und schlagen, weil sie das bei ihren Eltern erlebt haben. Frustrierend kann es für uns Eltern auch sein, wenn sich das Kind nicht an Regeln hält, weil wir selbst nicht konsequent und auf positive Weise gesunde Grenzen gesetzt haben. Damit soll nicht gesagt sein, dass alle Gedanken, Gefühle, Worte und Verhaltensweisen von Kindern direkt durch das Vorbild ihrer Eltern beeinflusst sind. Es gibt viele andere Umgebungsfaktoren und Menschen, die ebenfalls einen Einfluss auf unsere Kinder haben. Wenn wir Eltern unsere Kinder jedoch aufmerksam beobachten, werden wir sehr wahrscheinlich die Auswirkungen unseres eigenen Verhaltens bei ihnen entdecken.

Schritt 3: Nutze ich den richtigen Moment?

Der nächste Schritt lautet: „Lern-Momente" nutzen. Mit Lern-Momenten meine ich Alltagssituationen, in denen ein Kind offen ist, etwas zu lernen. Kinder lernen am besten durch konkrete Erfahrungen, weniger durch abstrakte Konzepte. Wir können auf der Couch sitzen und unserem Kind erzählen, dass es immer nach links und rechts schauen muss, bevor es die Straße überquert. Aber viel besser wird diese Lektion verinnerlicht, wenn wir am Straßenrand stehen und zu unserem Kind sagen, während die Autos an uns vorbeirauschen: „Wir müssen in beide Richtungen schauen, um sicher zu sein, dass wir über die Straße gehen können." Das ist ein *Lern-Moment*.

> *Lern-Momente ergeben sich sowohl aus unseren Erfolgen als Eltern als auch aus unserem Versagen.*

Vielleicht möchten Sie Ihrem Kind beibringen, dass man, wenn man wütend ist, besser innerlich bis 25 zählt, bevor man etwas sagt oder tut. Das ist eine bewährte Technik zum Umgang mit Wut. Aber das Kind wird diesen Rat nur dann befolgen, wenn es *hört*, wie Sie selbst bis 25 zählen, und wenn Sie dann erklären, warum Sie wütend waren und wie froh Sie sind, sich etwas Zeit zum Abkühlen genommen zu haben. Wenn das Kind wütend wird, könnten Sie mit ihm gemeinsam zählen und es dafür loben.

Lern-Momente ergeben sich sowohl aus unseren Erfolgen als Eltern als auch aus unserem Versagen. Wenn wir etwas gut gemacht haben, erklären wir unserem Kind, was wir getan haben und warum. Wenn wir Fehler begangen haben, lassen wir unser Kind wissen, dass unser Verhalten nicht gut war und dass wir lernen wollen, dies nicht wieder zu tun. Lern-momente ergeben sich auch aus dem gehorsamen oder ungehorsamen Verhalten des Kindes. Hält das Kind sich an vorgegebene Regeln, loben wir es, dass es schon so vernünftig ist, diese Regeln zu befolgen. Überschreitet es die Grenzen, erklären wir ihm, warum sein Verhalten falsch war, und lassen es die natürlichen oder logischen Konsequenzen tragen, so wie wir es in Kapitel 5 dargelegt haben.

> *Das Leben ist voller Lern-Momente.*

Shannon erzählte mir, dass sie mit ihrem Sohn Avery manchmal über sicheres Autofahren spricht, wenn sie zusammen im Wagen unterwegs sind. Es wird noch Jahre dauern, bis Avery selbst Auto fährt, aber das ist ein solcher Lern-Moment. Shannon unterhält sich mit ihm darüber, warum man an der Ampel warten muss und dass man nicht links abbiegen darf, wenn ein entsprechendes Verbotsschild vorhanden ist. Wenn wir mit unseren Kindern über eine sichere Fahrweise sprechen, müssen wir natürlich daran denken, dass unser vorbildliches Verhalten mehr sagt als unsere Worte.

Das Leben ist voller Lern-Momente. Eltern, die ihren Kindern ein positives Vorbild geben wollen, halten nach solchen Momenten Ausschau, wenn sie mit ihren Kindern zusammen sind.

Schritt 4: Welche Grundeinstellung habe ich zum Leben?
Viertens schlagen wir Ihnen vor, dass Sie Ihre Elternrolle mit einer *liebevollen Grundeinstellung* angehen. Das Leben besteht aus vielen Chancen und Herausforderungen; beides bringt sowohl zahlreiche Vorteile als auch Belastungen mit sich. Wenn wir als Eltern diese Tatsache annehmen und das Leben durch die Brille der Liebe betrachten, sind wir besser in der Lage, unseren Kindern Barmherzigkeit, Güte, Geduld und Vergebung nahezubringen, auch wenn dies durch problematische Situationen geschehen muss.

> *Selbstsucht führt zur Manipulation: Ich tue das für dich, wenn du jenes für mich tust. Liebe führt zum Geben: Wie kann ich dir helfen?*

Liebe ist das Gegenteil von Selbstsucht. Selbstsucht betrachtet die Welt mit der Fragestellung: *Was habe ich davon?* Liebe betrachtet die Welt und überlegt: *Wie kann ich das Leben anderer bereichern?* Selbstsucht zerstört am Ende die Beziehungen; doch Liebe ist die wichtigste Zutat für gesunde Beziehungen.

Selbstsucht führt zur Manipulation: *Ich tue das für dich, wenn du jenes für mich tust. Liebe führt zum Geben: Wie kann ich dir helfen?* Selbstsucht führt letztendlich zur Isolation; doch Liebe führt zur Gemeinschaft.

Nur mit Liebe lässt sich eine stabile Ehe aufbauen. Zwei selbstsüchtige Menschen können keine gesunde Ehe führen. Unsere Ehe wird entweder zu einem Vorbild an Liebe oder an Selbstsucht. Beides hat einen großen Einfluss auf unsere Kinder.

Die meisten Eltern wollen ihren Kindern Liebe vermitteln, Liebe in guten und in schwierigen Zeiten. Wir wissen, dass Kinder alles erforschen und lernen wollen. Wir wissen, dass sie alles beobachten, was wir tun. Wir wünschen uns, dass sie ohne Angst aufwachsen, sich geborgen und geliebt fühlen und somit fähig sind, sich selbst und andere zu lieben. Wir können unseren Kindern beim Erreichen dieser Ziele helfen, indem wir unsere Elternrolle mit einer liebevollen Grundeinstellung angehen.

Doch wir Eltern tun gut daran, auch uns selbst durch die Brille der Liebe zu betrachten, damit wir nicht übermäßig selbstkritisch werden. Wenn wir uns selbst immer wieder Vorwürfe wegen Fehlern aus der Vergangenheit machen, werden wir unfähig, in der Gegenwart zu lieben. Wir können die Vergangenheit nicht ändern, aber wir können aus ihr lernen. Wir stehen zu unseren Fehlern, bitten Gott und andere Menschen um Vergebung, vergeben uns selbst und gehen als veränderte Menschen in die Zukunft. Wenn wir unter der Last vergangener Fehler leben, lieben wir uns selbst nicht. Das belastet sowohl unser Leben als auch das unserer Kinder. Vergeben wir uns aber selbst, fällt es uns auch leichter, unseren Kindern zu vergeben, wenn sie Fehler machen.

Sowohl Shannon als auch ich begegnen in unserer Beratungspraxis vielen Eltern. Ich kann Ihnen aus langjähriger Beobachtung versichern: Es gibt viel zu viele Eltern, die sich selbst zu sehr unter Druck setzen, weil sie versuchen, perfekt zu sein. Sie sind unnachgiebig in ihrem Streben nach Vollkommenheit. Sie selbst würden „Perfektion" gar nicht als ihr Ziel bezeichnen, aber unausgesprochen geht es ihnen genau darum.

> *Es gibt viel zu viele Eltern, die sich selbst zu sehr unter Druck setzen, weil sie versuchen, perfekt zu sein.*

Manche Eltern kommen zu uns und bitten uns, dass wir ihnen helfen, ihre Kinder „zurechtzubringen". Oft entdecken wir dabei, dass es gar nicht so sehr die Kinder sind, die sich danebenbenehmen oder ihre Ziele nicht erreichen, sondern dass vielmehr die Eltern unrealistische und unflexible Erwartungen an ihre Kinder haben. Wir loben sie für ihren Wunsch, ihren Kindern zum Erfolg zu verhelfen. Doch wir machen ihnen auch klar, dass sie realistischere Erwartungen entwickeln müssen. Wir ermutigen sie, mehr Energie in den Aufbau einer liebevollen, positiven Beziehung zu ihren Kindern zu investieren. Ein Kind, das sich geliebt fühlt, kann sein Potenzial viel eher entfalten als ein Kind, das ständig das Gefühl hat, von seinen Eltern gegängelt zu werden.

> *Ein Kind, das sich geliebt fühlt, kann sein Potenzial viel eher entfalten als ein Kind, das ständig das Gefühl hat, von seinen Eltern gegängelt zu werden.*

Unser letzter Vorschlag für Eltern, die gerne ein gutes Vorbild für ihre Kinder sein möchten, lautet: Entwickeln Sie *ein Familien-Leitbild mit einer dazugehörigen Strategie!* Unsere Chancen, das gesteckte Ziel zu erreichen, sind viel größer, wenn wir wissen, wohin die Reise gehen soll. Ein Familien-Leitbild zeichnet uns eine große, alles überspannende und inspirierende Vision vor Augen, nach der wir uns ausstrecken können. Die dazugehörige Strategie vermittelt uns die praktischen Schritte und Ziele, die notwendig sind, damit die Vision Wirklichkeit werden kann.

Ein Familien-Leitbild könnte zum Beispiel so aussehen: *Unsere Vision als Eltern ist es, dass unsere Gedanken, Gefühle, Worte und Taten beständig liebevoll, positiv, ermutigend, vergebungsbereit und barmherzig sind. Durch unser Vorbild sollen unsere Kinder mit der Zeit lernen, dass sie nicht perfekt sein müssen, sondern dass sie – so wie wir Eltern – ihre Mängel und Fehler annehmen und an ihnen wachsen können.*

Die dazugehörige Strategie könnte dann so lauten: *Unsere Strategie besteht darin, dass wir uns als Eltern täglich durch die Brille der Liebe betrachten und unseren Kindern beibringen, dies auch zu tun. Wir verpflichten uns, regelmäßig unsere Gedanken, Gefühle, Worte und Taten zu überprüfen, ob sie liebevoll, positiv, ermutigend, vergebungsbereit und barmherzig sind. Wir wissen, dass wir manchmal versagen werden. Dann geben wir unsere Fehler of-*

fen zu und unternehmen bewusst Schritte, um uns zu verbessern. Wir möchten uns und unseren Kindern gegenüber vernünftige, erfüllbare Erwartungen haben.

Dieses Beispiel für ein Familienleitbild mit der entsprechenden Strategie macht deutlich, dass wir uns als Eltern unseres großen Einflusses auf unsere Kinder bewusst sind und dies akzeptieren. Dass dieser Einfluss tatsächlich besteht, lässt sich leicht beobachten, denn er ist an den Worten und Taten der Kinder erkennbar. Kinder werden zwar auch von anderen Seiten beeinflusst, doch wir Eltern oder andere frühkindliche Betreuungspersonen sind diejenigen, die den frühesten und wichtigsten Eindruck im Leben der Kinder hinterlassen. Weil wir Eltern einen so großen Einfluss auf unsere Kinder haben, ist es wichtig, dass wir bewusst und aktiv Schritte unternehmen, um unseren Kindern das bestmögliche Vorbild zu geben.

Wie gesagt: Es geht nicht darum, dass wir als Eltern perfekte Vorbilder sein müssen. Wir sollen aber sowohl unsere Stärken als auch unsere Schwächen nutzen, um daran zu wachsen. Wir alle verändern uns ständig, zum Guten oder zum Schlechten. Als verantwortungsbewusste Eltern sollten wir es uns zum Ziel setzen, uns in den Bereichen zu verbessern, wo

> *Weil wir Eltern einen so großen Einfluss auf unsere Kinder haben, ist es wichtig, dass wir bewusst und aktiv Schritte unternehmen, um unseren Kindern das bestmögliche Vorbild zu geben.*

unsere Schwächen liegen, und das Beste aus unseren Stärken machen. Ich hoffe, dass die Gedanken in diesem Kapitel Ihnen helfen werden, ein gutes Vorbild für Ihre Kinder zu sein.

Jetzt mal ehrlich

Fragen zum Nachdenken und Diskutieren

1. Ordnen Sie sich selbst für jeden der folgenden sieben Charakterzüge auf einer Skala von 0 bis 10 ein:
   - Freundlichkeit
   - Höflichkeit
   - Geduld
   - Vergebungsbereitschaft
   - Bescheidenheit
   - Großzügigkeit
   - Ehrlichkeit

   In welchem Bereich würden Sie sich am liebsten verbessern? Welche Schritte möchten Sie dazu unternehmen? Achten Sie in den nächsten sieben Wochen in jeder Woche auf jeweils eine dieser Eigenschaften.

2. Beantworten Sie die folgenden Fragen jeweils mit „froh" oder „traurig", je nachdem, wie Sie sich fühlen.

   Was ist, wenn mein Kind später einmal …
   - … mit seiner Wut so umgeht, wie ich es tue?
   - … seinen Ehepartner genauso behandelt wie ich meinen Ehepartner?
   - … so Auto fährt wie ich?
   - … dieselbe Einstellung zur Arbeit hat wie ich?
   - … mit anderen Menschen so redet, wie ich es tue?
   - … mit Konflikten so umgeht wie ich?
   - … Alkohol und Drogen konsumiert wie ich?
   - … eine ähnlich gute Beziehung zu Gott hat wie ich?
   - … so mit Geld umgeht wie ich?

- … seine Verwandten so behandelt, wie ich es tue?
- … mit seinen Kindern so umgeht wie ich?

Wenn Sie auf eine oder mehrere dieser Fragen mit „traurig" geantwortet haben, sprechen Sie mit Ihrem Partner darüber und entwerfen Sie gemeinsam einen Plan, um eine positive Veränderung in die Wege zu leiten.

3. Was würden Sie am liebsten verändern, bevor Ihr Kind geboren wird? Sprechen Sie mit Ihrem Ehepartner, einem Freund oder einer Freundin, mit einem Pastor oder Berater darüber. Entwickeln Sie mit ihnen Ideen, welche Schritte Sie unternehmen können, damit es zu einer echten Veränderung kommt.

4. Sie müssen nicht perfekt sein, um Ihrem Kind ein gutes Vorbild abzugeben. Sie sollten jedoch unbedingt lernen, sich zu entschuldigen, wenn Sie einen Fehler gemacht haben. Mehr dazu lesen Sie im nächsten Kapitel.

Wenn ich das nur gewusst hätte ...

Eltern müssen manchmal um Verzeihung bitten

Wenn ich in die Wiege blickte und mit verliebten Vater-augen unsere Babys betrachtete, kam es mir niemals in den Sinn, dass ich mich einmal bei ihnen entschuldigen müsste. Ich hatte ja nie vor, sie durch irgendetwas zu verletzen. Ich liebte sie von dem Moment an, als sie geboren wurden. Als Vater würde ich sie beschützen, ihnen viele Dinge beibringen, für sie beten und alles in meiner Macht Stehende tun, damit sie ein gutes Leben hätten.

Wenn ich an jene Zeit zurückdenke, merke ich, dass ich ziemlich naiv war. Ich dachte, es würde niemals nötig werden, dass ich mich bei meinen Kindern entschuldigte – ich würde ein perfekter Vater sein.

Warum verletzen wir manchmal gerade die Menschen, die

wir am meisten lieben? Weil wir menschlich sind. Keiner von uns ist perfekt. Wir stammen von Eltern ab, die auch schon unvollkommen waren. Es gibt keine perfekten Menschen – obwohl sich einmal ein Mann meldete, als der Redner bei einem Vortrag die Frage stellte: „Kennt jemand von Ihnen einen perfekten Ehemann?"

Der Mann hob blitzschnell die Hand und sagte: „Der erste Ehemann meiner Frau."

Meine Beobachtung ist folgende: Wenn es perfekte Ehemänner gibt, dann sind sie verstorben – und die meisten von ihnen wurden erst nach ihrem Tod perfekt. Die Realität ist doch vielmehr so: Wir sind alle nur Menschen und von Zeit zu Zeit sagen oder tun wir Dinge, die unseren Partner oder unsere Kinder verletzen und unsere Beziehungen gefährden.

> *Warum verletzen wir manchmal gerade die Menschen, die wir am meisten lieben? Weil wir menschlich sind. Keiner von uns ist perfekt.*

Die gute Nachricht lautet jedoch, dass unsere Fehler unsere Beziehungen nicht zerstören müssen, wenn wir bereit sind, um Verzeihung zu bitten – und wenn unsere Familie bereit ist, uns zu vergeben. Sich entschuldigen und einander vergeben sind entscheidende Grundlagen für gute Beziehungen. Kinder müssen diese Fähigkeiten erlernen, denn auch sie sind nicht perfekt.

Als unsere Enkelin Davy Grace fünf Jahre alt war, fragte sie bei einem Besuch ihre Großmutter: „Oma, darf ich ein paar Aufkleber haben?" Sie wusste, dass Karolyn eine „Aufkleber-Schublade" hat.

Meine Frau antwortete: „Natürlich! Du kannst drei Aufkleber haben. Such dir welche aus, die dir gefallen."

Karolyn wandte sich wieder ihrer Arbeit zu. Als ich etwa eine halbe Stunde später nach Hause kam, entdeckte ich überall Aufkleber. Sie klebten auf Stühlen, Türen und Kommoden. Einer haftete an der Backofentür, ein anderer am Kühlschrank.

Ich fragte Karolyn: „Was sollen all diese Aufkleber?"

Sie sah sich um und erkannte, was passiert war. Dann sagte sie zu Davy Grace: „Du hast nicht auf mich gehört! Ich habe dir doch gesagt, dass du drei Aufkleber haben kannst. Aber du hast ganz viele genommen und sie überall im Haus hingeklebt."

Davy Grace begann zu weinen und schluchzte: „Ich brauche jemanden, der mir vergibt."

Natürlich schlang Karolyn sofort die Arme um sie und versicherte ihr: „Oma vergibt dir. Ich habe dich sehr lieb."

> *Sich entschuldigen und einander vergeben sind entscheidende Grundlagen für gute Beziehungen.*

Im Grunde sprach Davy Grace für die ganze Menschheit, als sie sagte: „Ich brauche jemanden, der mir vergibt." Das ist eine der grundlegenden Tatsachen, die wir akzeptieren müssen, wenn wir in gesunden Beziehungen leben wollen. Sich zu entschuldigen, ist der erste Schritt in Richtung Vergebung; Vergebung heilt zerbrochene Beziehungen.

Und doch wurde manchen von uns beigebracht, sich nicht zu entschuldigen. Ich weiß noch, wie ein junger Mann mir einmal erzählte: „Mein Vater hat immer gesagt: ‚Wahre Männer entschuldigen sich nicht.'"

Ich erwiderte: „Ihr Vater war bestimmt ein guter Mensch, aber er war schlecht informiert. In Wirklichkeit müssen auch wahre Männer sich entschuldigen, wenn sie eine gute Ehe führen und gute Väter sein wollen. Das Gleiche gilt für wahre Frauen."

Im Laufe meiner Tätigkeit als Therapeut und Berater habe ich jedoch eine interessante Entdeckung gemacht: Ein Teil des Problems besteht darin, dass wir unterschiedliche Vorstellungen davon haben, was es bedeutet, sich zu entschuldigen.

Ich erinnere mich, dass einmal ein Ehepaar in meinem Büro saß. Die Frau sagte: „Ich würde ihm ja vergeben, wenn er sich entschuldigen würde."

Worauf er erwiderte: „Ich habe mich doch entschuldigt!"

„Nein", widersprach sie, „das hast du nicht."

Doch er erklärte: „Ich habe dir gesagt, dass es mir leidtut."

> *Ein Teil des Problems besteht darin, dass wir unterschiedliche Vorstellungen davon haben, was es bedeutet, sich zu entschuldigen.*

„Das ist keine Entschuldigung", beharrte sie. Anscheinend verstand sie unter sich entschuldigen ein bisschen mehr als nur ein *Es tut mir leid*.

Meistens haben wir von unseren Eltern gelernt, wie man sich entschuldigt oder auch nicht. Ich könnte mir vorstellen, dass der eben erwähnte Mann als Kind seine Schwester die Treppe hinuntergeschubst hatte und seine Mutter ihn daraufhin zur Rede gestellt hatte: „Johnny, du darfst deine Schwester nicht die Treppe hinunterschubsen. Geh zu ihr und sag ihr, dass es dir leidtut."

Also hatte Johnny gesagt: „Es tut mir leid."

Jetzt war er 28 Jahre alt. Als er begriff, dass er seine Frau verletzt hatte, sagte er ebenfalls: „Es tut mir leid." Seiner Meinung nach hatte er sich mit diesem Satz bei ihr entschuldigt.

Seine Schwiegermutter hatte jedoch seiner Frau etwas anderes beigebracht: „Wenn du merkst, dass du jemanden verletzt hast, dann sag immer: ‚Ich hab dir Unrecht getan. Das hätte ich nicht tun dürfen. Ich hoffe, du kannst mir verzeihen.'" Auf diese Worte wartete die junge Frau jetzt auch bei ihrem Mann, aber es war ihm überhaupt nicht klar, dass es auch andere Arten gab, sich zu entschuldigen.

Die fünf Sprachen des Verzeihens

Dr. Jennifer Thomas und ich schrieben vor einigen Jahren ein Buch mit dem Titel *Die fünf Sprachen des Verzeihens*[14]. In der Vorbereitung zu diesem Buch stellten wir tausend Leuten zwei Fragen:

1. Was sagen Sie normalerweise, wenn Sie sich bei jemandem entschuldigen möchten?
2. Was sollte jemand am besten sagen oder tun, wenn er oder sie sich bei Ihnen entschuldigen will?

Die Antworten fielen in fünf Kategorien, die wir „Die fünf Sprachen des Verzeihens" nennen. Ich möchte sie alle kurz beschreiben, denn es ist wichtig, dass sowohl Sie als auch Ihre Kinder alle fünf Arten des Entschuldigens kennenlernen.

1. Das Eingeständnis – „Es tut mir leid." Es reicht jedoch nicht, nur diese vier Worte auszusprechen. Sagen Sie Ihrem Gegenüber, was genau Ihnen leidtut: „Es tut mir leid, dass ich mich nicht beherrschen konnte und dich angeschrien habe. Es tut mir leid, dass ich dein Spielzeug weggenommen habe, ohne dich zu fragen. Es tut mir leid, dass ich deine Bauklötze umgeworfen habe."

Und noch etwas ist wichtig: Lassen Sie diesen vier Worten niemals ein *Aber* folgen. „Es tut mir leid, dass ich wütend geworden bin, aber wenn du nicht ..., dann wäre ich auch nicht ausgerastet." Damit geben Sie Ihrem Gegenüber die Schuld für Ihr schlechtes Verhalten.

2. Verantwortung übernehmen – „Ich lag falsch und hätte das nicht tun sollen" oder: „Dafür gibt es keine Entschuldigung, ich übernehme die volle Verantwortung." Es ist grundlegend wichtig, dass wir unserem Kind helfen zu lernen, die Verantwortung für sein Verhalten zu übernehmen. Nur so lernt es, wie man sich richtig entschuldigt.

Als mein Sohn sechs oder sieben Jahre alt war, warf er versehentlich ein Glas um. Es fiel vom Tisch auf den Fußboden und zerbrach. Ich sah ihn an. Rasch sagte er: „Das hat es selbst getan!"

Darauf erwiderte ich: „Lass es uns anders ausdrücken: ‚Ich habe das Glas aus Versehen runtergeworfen.'"

> *Es ist grundlegend wichtig, dass wir unserem Kind helfen zu lernen, die Verantwortung für sein Verhalten zu übernehmen.*

Mit Tränen in den Augen wiederholte mein Sohn meinen Satz: „Ich habe das Glas aus Versehen runtergeworfen." Er hatte nichts falsch gemacht. Es war ein Versehen. Trotzdem wollte ich ihm helfen, die Verantwortung dafür zu übernehmen.

3. Eine Wiedergutmachung anbieten – „Was kann ich tun, um das wiedergutzumachen?" oder: „Wie kann ich es dir leichter machen, mir zu vergeben?" Für manche Menschen gilt eine Entschuldigung nicht, wenn nicht gleichzeitig eine Wiedergutmachung angeboten wird. Bei einem Kind könnte das zum Beispiel bedeuten, dass es die Bauklötze, die es absichtlich umgeworfen hat, wieder aufbaut.

4. Den Sinneswandel zum Ausdruck bringen – „Ich finde nicht gut, was ich getan habe, und ich möchte es nicht wieder tun. Ich werde mir einen Zettel auf den Schreibtisch legen, auf dem steht: ‚Geh nicht in Eriks Zimmer, ohne ihn zu fragen, ob du hereinkommen darfst.' Das wird mir helfen, daran zu denken."

Wenn der Wunsch nach Veränderung zum Ausdruck gebracht wird, vermittelt das manchen Menschen viel intensiver, dass wir unsere Entschuldigung ernst meinen.

5. *Um Vergebung bitten – „Kannst du mir bitte verzeihen?"* oder: „Ich hoffe, dass du mir verzeihen wirst." Für manche Menschen bringt dies zum Ausdruck, dass wir die Beziehung zu ihnen wertschätzen. Wir erkennen, dass wir unser Gegenüber verletzt haben und dass unser Verhalten eine Barriere zwischen uns und ihm aufgerichtet hat. Wir hoffen aufrichtig, dass der andere uns verzeiht, damit wir weiterhin Freunde bleiben können.

Jennifer und ich fanden heraus, dass die meisten Erwachsenen es als Kinder nicht gelernt haben, alle fünf Sprachen des Verzeihens zu sprechen. Die meisten haben nur eine oder zwei davon gelernt. Als Erwachsene bedienen sie sich folglich der Sprache, die sie beigebracht bekamen. Sie erkennen nicht, dass sie mit dieser Sprache die Person, bei der sie sich entschuldigen wollen, vielleicht nicht erreichen. Darum reden Eheleute auch häufig aneinander vorbei, obwohl sie sich bemühen, den anderen um Verzeihung zu bitten. Und dann fällt es ihnen schwer, einander zu vergeben.

> *Wenn Sie nicht lernen, um Verzeihung zu bitten, wird das sowohl auf Ihren Partner als auch auf Ihre Kinder negative Auswirkungen haben.*

Deshalb ist mein Vorschlag für Sie: Sprechen Sie mit Ihrem Ehepartner darüber, was für Sie beide jeweils eine aufrichtige Entschuldigung ausmacht. Wenn Sie lernen, sich bei Ihrem Partner so zu entschuldigen, sodass es bei ihm oder ihr auch ankommt, dann wird es Ihnen beiden leichter fallen, einander zu vergeben. Möglicherweise entdecken Sie dabei, dass einer von Ihnen beiden sich fast nie für etwas entschuldigt. Vielleicht wurde Ihnen beigebracht: „Entschuldigen ist nur was für Schwächlinge." Wenn das so ist, dann möchte ich Sie ermutigen, diesem Rat nicht zu folgen. Wenn Sie nicht lernen, um Verzeihung zu bitten, wird das sowohl auf Ihren

Partner als auch auf Ihre Kinder negative Auswirkungen haben.

Denken Sie daran: Ihr Vorbild ist die beste Methode, um Ihren Kindern beizubringen, wie man sich entschuldigt (siehe Kapitel 7). Darum lege ich Ihnen dringend ans Herz, dass Sie lernen, Ihre Kinder um Verzeihung zu bitten. Manche Eltern meinen, ihre Kinder würden den Respekt vor ihnen verlieren, wenn sie sich bei ihnen entschuldigen. Doch das Gegenteil ist wahr – ihr Respekt wächst. Denn sie wissen ja selber, dass das, was die Eltern getan oder gesagt haben, nicht in Ordnung war.

Wofür sollen wir uns entschuldigen?

Für welches Verhalten sollten Eltern ihre Kinder um Verzeihung bitten? Beginnen wir mit unseren unfreundlichen Worten oder Verhaltensweisen unseren Kindern gegenüber. Es kommt vor, dass wir Eltern unseren eigenen Frust an den Kindern auslassen – durch harte, laute Worte, die eine kritische, verurteilende Botschaft enthalten. Wenn wir uns dafür nicht entschuldigen, klingt diese Botschaft den Kindern oft noch jahrelang in den Ohren. Unseren Kindern nicht zuzuhören oder sie nicht zu beachten, wenn sie reden oder uns um etwas bitten, erfordert ebenfalls eine Entschuldigung. Einige Eltern bestrafen ihr Kind manchmal zu Unrecht, weil sie nicht alle Informationen zur jeweiligen Situation eingeholt haben. Andere bestrafen ihr Kind zu hart, obwohl eine geringere Maßnahme genügt hätte.

Es gibt jedoch auch Worte oder Verhaltensweisen bei uns Erwachsenen, die sich nicht direkt an das Kind

Wenn Eltern die Bitte um Verzeihung ernst nehmen und sich selbst dazu verpflichten, bringen sie ihren Kindern eine der Fähigkeiten bei, die für den Aufbau von gesunden Beziehungen grundlegend wichtig sind.

richten und sich trotzdem negativ auf sie auswirken. Wenn Eltern sich laut und heftig vor ihren Kindern streiten, ohne Rücksicht auf deren Gedanken und Gefühle, dann sollten sie sich unbedingt bei ihren Kindern (und ihrem Partner) entschuldigen. Zu dieser Kategorie gehört auch unfreundliches Verhalten anderer gegenüber im Beisein unserer Kinder (zum Beispiel, wie wir mit dem Vertreter sprechen, der zum fünften Mal anruft, obwohl wir nichts von ihm kaufen wollen). Wenn wir als Eltern unsere grundlegenden Pflichten gegenüber unseren Kindern vernachlässigen – Geld zu verdienen, um für sie sorgen zu können; das Haus in Ordnung zu halten; für Essen und Sicherheit zu sorgen –, verletzen wir damit unsere Kinder ebenfalls indirekt. Abhängigkeiten jeglicher Art – Drogenmissbrauch, Glücksspiel usw. – führen oft dazu, dass Eltern sich nicht mehr ausreichend um ihre Kinder kümmern. Auch das erfordert eine Entschuldigung.

Mit diesen Beispielen möchte ich niemanden verurteilen oder beschämen. Stattdessen will ich Ihnen Mut machen, dass Sie die Gelegenheit, sich bei Ihren Kindern zu entschuldigen, erkennen und nutzen, wann immer es angebracht ist. Wenn Eltern die Bitte um Verzeihung ernst nehmen und sich selbst dazu verpflichten, bringen sie ihren Kindern eine der Fähigkeiten bei, die für den Aufbau von gesunden Beziehungen grundlegend wichtig sind.

Wie hilft die Bitte um Verzeihung?

Welche positiven Folgen hat es, wenn wir Eltern es lernen, uns bei unseren Kindern zu entschuldigen? Anhand der drei wichtigsten positiven Folgen möchte ich Ihnen das erklären.

Eine Entschuldigung zeigt und stärkt den Charakter
Ich unterstelle einfach mal, dass die meisten von Ihnen in Ih-

rer Erziehung das Ziel haben, dass Ihre Kinder einen guten
Charakter entwickeln – das heißt, dass sie die Herausforderungen des Lebens mit geistiger und moralischer Stärke bewältigen. Der Charakter bildet sich bei Kindern bereits in jungen Jahren und entwickelt sich im Erwachsenenalter weiter.
Auch wir Eltern müssen unseren Charakter stets prüfen und
weiterentwickeln, während wir unseren eigenen Herausforderungen begegnen. Dazu gehören auch die Fehler, die wir
machen und die sich direkt oder indirekt auf unsere Kinder
negativ auswirken.

Wenn wir aus unseren Fehlern lernen, wird unser Charakter dadurch gestärkt. Aus Fehlern lernen heißt für uns Eltern,
dass wir über unser Versagen nachdenken und die Verantwortung dafür übernehmen.
Dann bemühen wir uns,
ähnliche Fehler in Zukunft
zu vermeiden. Dieser
Prozess – das Nachdenken,
das Akzeptieren des eigenen
Versagens und der Entschluss
zur Verbesserung – stärkt unseren Charakter.

> *Wenn wir als Eltern bereit sind,*
> *aus unseren Fehlern zu lernen,*
> *geben wir unserem Kind ein*
> *positives Vorbild.*

Wenn wir als Eltern bereit sind, aus unseren Fehlern zu
lernen, geben wir unserem Kind ein positives Vorbild und
zeigen ihm, wie wichtig es ist, aufrichtig mit dem eigenen
Versagen umzugehen. Wenn wir zum Beispiel unsere eigene
aufgebrachte Stimmung erkennen und sie durch eine Auszeit
unter Kontrolle bringen, geben wir damit unserem Kind ein
Vorbild an Selbstbeherrschung. Diese Übung stärkt den Charakter. Und wenn wir wütend reagieren, aber nach einer Zeit
des Nachdenkens die Verantwortung dafür übernehmen und
uns entschuldigen, zeigen wir dadurch Charakter und werden
ein gutes Vorbild für unser Kind.

Shannon erzählte mir von einem Vater, der sich wegen seiner immer wiederkehrenden Wutausbrüche Vorwürfe machte.

Er bereute sein schlechtes Verhalten aufrichtig und entschuldigte sich schließlich bei seiner ganzen Familie. Sein zwölfjähriger Sohn war sehr betroffen darüber, denn bisher hatte ihn noch nie jemand um Verzeihung gebeten. Es war ein Wendepunkt, der sein Leben und das der ganzen Familie veränderte.

Eine Entschuldigung baut Beziehungen (wieder) auf
Wenn wir uns in der Familie gegenseitig lieblos behandeln, können wir nicht erwarten, dass unsere Beziehung heil bleibt. Nach einer Auseinandersetzung leiden Kinder und Ehepartner oft still und die Zeit heilt eben nicht alle Wunden. Heilung geschieht erst, wenn wir unsere Fehler zugeben, uns entschuldigen und um Vergebung bitten.

Shannon erzählt aus ihrer eigenen Erfahrung:

Presley war gerade zwei Jahre alt geworden. Sie und ich saßen am Küchentisch und aßen eine Kleinigkeit, als sie aus Versehen meinen Becher mit heißer Schokolade umstieß. Zu meiner Schande muss ich gestehen, dass ich sie sofort anschrie. Ich weiß noch, wie ich in dem Moment, als die Worte aus meinem Mund kamen, dachte: Du solltest nicht so überreagieren. Ich wusste, dass ich durch andere Probleme gestresst war, und das hatte ich an Presley ausgelassen. Sie aber wusste natürlich nichts von meinem Stress und hatte sich darüber keine Gedanken gemacht. Sie merkte nur, dass sich meine Wut gegen sie richtete, und das wiederum verletzte ihre Gefühle. Mit Tränen in den Augen lief sie zu Stephen, um sich trösten zu lassen.

Ich wartete ein paar Minuten, bis Presley sich beruhigt hatte. Dann nahm ich sie in den Arm und sagte: „Presley, es tut mir leid. Ich hätte dich nicht anschreien sollen."

Sie erwiderte meine Umarmung und wiederholte dann in ihrer süßen, kindlich verworrenen Sprache: „Mich nicht anschreien?" Es klang, als ob sie mir eine Frage stellte: „Du solltest mich nicht anschreien, stimmt's?"

Im Lauf des Tages wiederholte sie diese Worte noch ein paarmal mir gegenüber. So bemühte sie sich darum, unsere Beziehung wiederherzustellen. Andere Kinder formulieren diese Frage ähnlich: „Bist du noch böse auf mich?" Diese und ähnliche Worte zeigen, wie Kinder sich nach einem Konflikt bei ihren Eltern vergewissern, dass ihre Beziehung noch intakt ist und sie von ihren Eltern wieder angenommen sind.

Wenn es uns Eltern nicht gelingt, unseren Kindern freundlich, liebevoll und fair zu begegnen, fühlen diese sich manchmal emotional entfremdet. Sie könnten die Vorstellung entwickeln, dass sie von uns Eltern nicht gemocht oder sogar gehasst würden. Auf der anderen Seite können Kinder eine emotionale Verbindung wieder aufbauen und ihre negativen Gefühle können sich auflösen, wenn wir Eltern uns aufrichtig entschuldigen und dann konsequent daran arbeiten, dieselben verletzenden Fehler in Zukunft zu vermeiden.

Natürlich geschieht Vergebung sowohl bei Erwachsenen als auch bei Kindern nicht automatisch. Darum wäre es nicht richtig, wenn wir als Eltern von unseren Kindern erwarten würden, dass sie uns unsere schlimmsten Fehler sofort verzeihen. Jedoch wissen wir, dass eine wohlüberlegte, aufrichtige Entschuldigung, verbunden mit einem konsequent positiven Verhalten, mit der Zeit selbst stark verletzte Beziehungen wieder heilen kann.

Eine Entschuldigung zeigt Kindern, wie sie mit ihren eigenen Fehlern umgehen sollen

Auch Kinder sind nicht perfekt. Manchmal brechen sie die Regeln, verletzen ihre Eltern oder Geschwister mit hässlichen

Worten, schubsen oder treten ein anderes Kind ... muss ich weiterreden? Ich weiß, man kann sich das nur schwer vorstellen, wenn man ein kleines Baby im Arm hält, aber es wird so kommen. Kinder sind nicht von Natur aus in der Lage, sich zu entschuldigen. Stattdessen schieben sie die Schuld auf andere. Haben Sie ein solches Verhalten auch schon bei sich selbst beobachtet? Es ist viel einfacher, dem Ehepartner die Schuld zu geben, als die Verantwortung für die eigenen Fehler zu übernehmen.

Nur Sie selbst wissen, ob Sie mit Ihren Fehlern auf gesunde Weise umgehen. Auch vielen Erwachsenen fällt es schwer, andere um Verzeihung zu bitten. Sie werfen ihrem Ehepartner oder jemand anderem etwas an den Kopf und dann verschwinden sie, geben dem anderen die Verantwortung für ihr schlechtes Verhalten und kehren nie um, um sich zu entschuldigen. Wenn sich solche Verletzungen immer wiederholen und nicht bereinigt werden, kann das im schlimmsten Fall bis zum Zerbruch der Beziehung führen.

Fünf Schritte auf dem Weg zur Entschuldigung

Wenn Sie Ihrem Kind beibringen wollen, wie man sich entschuldigt, müssen Sie es zuerst selbst lernen. Am besten tun Sie das, bevor Ihr Kind geboren wird oder wenn es noch sehr klein ist. Ich gebe Ihnen fünf Schritte an die Hand, mit deren Hilfe Sie lernen können, andere um Verzeihung zu bitten. Prüfen Sie sich selbst, wo Sie sich auf diesem Weg befinden. Im Grunde genommen sind das dieselben Schritte, mit denen Sie auch Ihrem Kind beibringen können, sich zu entschuldigen.

> *Wenn Sie Ihrem Kind beibringen wollen, wie man sich entschuldigt, müssen Sie es zuerst selbst lernen.*

1. Ich übernehme die Verantwortung für mein eigenes Verhalten.

„Ich habe die Garagentür offen gelassen. Ich habe vergessen, die Mülltonne rauszustellen. Ich habe das Geschirr zerbrochen. Ich habe Dreck in die Wohnung geschleppt. Ich habe unbeherrscht mit dir geschimpft. Ich habe die Geduld verloren. Ich war unfreundlich. Ich habe vergessen, Milch zu kaufen."

Nicht alle dieser Verhaltensweisen sind moralische Fehler. Manche gehören einfach in den Bereich der menschlichen Unzulänglichkeit. Der springende Punkt dabei ist, dass wir und unsere Kinder es lernen, Verantwortung für das eigene Verhalten zu übernehmen.

2. Mein Verhalten betrifft auch andere.

Niemand ist allein auf der Welt. Wie wir uns verhalten – ob es gut ist oder eher nicht so gut –, wirkt sich auf die Menschen in unserer Umgebung aus. Wenn ich zwei Stunden zu spät nach Hause komme,

> *Alles, was wir tun, ob gut oder schlecht, betrifft auch andere.*

obwohl wir vereinbart hatten, zusammen ein Konzert zu besuchen, dann habe ich meine Frau enttäuscht. Wenn ich die Garage aufräume, freut sich meine Frau wahrscheinlich. Wenn ich vor Wut mit 150 Stundenkilometern die Autobahn entlangrase, bekommt sie Angst. Alles, was wir tun, ob gut oder schlecht, betrifft auch andere.

3. Es gibt kein Leben ohne Regeln.

Oft denken wir uns Regeln aus, um die Sicherheit unserer Kinder zu gewährleisten, aber auch wir Erwachsenen haben Regeln, die wir zu unserem eigenen Wohl befolgen sollten. Eine

Gesellschaft ohne Regeln gleitet ins Chaos ab. Wenn ich die Regeln befolge, ist das Leben viel leichter. Wenn ich sie verletze, gibt es negative Konsequenzen. Die größte Regel von allen lautet: „Behandle andere so, wie du auch behandelt werden möchtest" – die sogenannte Goldene Regel.

4. Eine Entschuldigung stellt die Beziehung wieder her.

Wir alle kennen zerbrochene Beziehungen: aus der Familie, von der Arbeit, aus der Verwandtschaft oder Nachbarschaft. Meistens gehen Beziehungen kaputt, weil wir nicht in der Lage sind, uns zu entschuldigen oder eine ehrliche Entschuldigung anzunehmen und dem anderen zu vergeben. Wenn wir uns entschuldigen, öffnen wir die Tür zur Vergebung. Und wo Vergebung geschieht, da können Beziehungen wieder wachsen.

5. Wir müssen lernen, unsere Entschuldigung so zum Ausdruck zu bringen, dass der andere sie annehmen kann.

Hier sind die fünf Sprachen des Verzeihens hilfreich, die wir zu Beginn des Kapitels besprochen haben. Die meisten Erwachsenen haben es nicht gelernt, sich in allen fünf Sprachen auszudrücken. Doch die gute Nachricht: Es ist nie zu spät, etwas dazuzulernen!

Lesen Sie die folgende Aufzählung und überlegen Sie, wie fließend Sie jede dieser Sprachen sprechen:

- „Es tut mir leid, dass ich ..."
- „Was ich gemacht habe, war falsch."
- „Wie kann ich das wiedergutmachen?"
- „Ich will versuchen, das nie wieder zu tun."
- „Ich hoffe, du kannst mir verzeihen."

Kinder sollten alle fünf Sprachen des Verzeihens erlernen, aber das kann nur geschehen, wenn auch die Eltern diese kennen und sprechen. Wenn Sie das alles eher als etwas seltsam empfinden, empfehle ich Ihnen, sich vor den Spiegel zu stellen und die Sätze laut aufzusagen, bis sie ein bisschen vertrauter klingen. Je öfter Sie diese Worte wiederholen, desto eher können Sie sie aussprechen, wenn Sie sich tatsächlich bei Ihrem Partner, bei Ihren Kindern oder bei einem Kollegen entschuldigen müssen.

Eine Entschuldigung allein reicht jedoch nicht, um eine zerbrochene Beziehung wiederherzustellen. Sie ist zwar der erste Schritt, aber es muss die Vergebung darauf folgen, damit die emotionalen Barrieren weggeräumt werden können. Wenn ich eine Entschuldigung akzeptiere, entschließe ich mich, dem anderen zu vergeben. Ob mir das leicht- oder schwerfällt, hängt von vielen Faktoren ab: zum Beispiel von der Art und Häufigkeit des Fehlverhaltens und davon, ob mir die Entschuldigung aufrichtig erscheint. Die Vergebungsbereitschaft wird auch davon beeinflusst, wie gut es die jeweilige Person in ihrer Kindheit gelernt hat, sich zu entschuldigen und zu vergeben. Wenn Eltern sich entschuldigen und einander um Vergebung bitten, fördern sie damit nicht nur ihre eigene Beziehung, sondern sie geben auch ihren Kindern ein gutes Vorbild.

> *Wenn ich eine Entschuldigung akzeptiere, entschließe ich mich, dem anderen zu vergeben.*

Ich wünschte, ich hätte schon viel früher gelernt, mich zu entschuldigen. Viele Krisen, die Karolyn und ich in unseren ersten Ehejahren durchgemacht haben, hätten vermieden werden können, wenn ich bereit gewesen wäre, die Verantwortung für meine Worte und Taten zu übernehmen; wenn ich mein Fehlverhalten zugegeben hätte; wenn ich angeboten hätte, es wiedergutzumachen; wenn ich mich bemüht hätte, nicht immer dieselben destruktiven Verhaltensweisen zu wiederholen; wenn ich um Verzeihung gebeten hätte.

Ich hoffe, dass dieses Kapitel Ihnen dabei hilft, die wachsende Bereitschaft und Fähigkeit zu entwickeln, sich zu entschuldigen und dem anderen zu vergeben. Auch hier sollten wir uns die unbequeme Frage stellen: *Was ist, wenn meine Kinder genauso werden wie ich?*

Jetzt mal ehrlich

Fragen zum Nachdenken und Diskutieren

1. Wann haben Sie sich das letzte Mal bei jemandem entschuldigt? Wie haben Sie Ihre Entschuldigung zum Ausdruck gebracht? Wie reagierte die andere Person? Sind Sie mit dem Ergebnis zufrieden? Wie möchten Sie Ihre Art des Entschuldigens ändern, nachdem Sie dieses Kapitel gelesen haben?

2. Was haben Ihre Eltern Ihnen zum Thema Entschuldigung und Vergebung beigebracht?

3. Können Sie sich daran erinnern, dass Ihre Eltern sich bei Ihnen entschuldigt haben? Wenn nicht, an welchen Punkten hätten Sie sich eine Entschuldigung gewünscht?

4. Schauen Sie sich die folgenden Sprachen des Verzeihens an und kreuzen Sie eine oder zwei an, die Sie für eine aufrichtige Entschuldigung halten.

   • Das Eingeständnis – „Es tut mir leid."
   • Verantwortung übernehmen – „Ich lag falsch und hätte das nicht tun sollen."

- Eine Wiedergutmachung anbieten – „Was kann ich tun, um das wiedergutzumachen?"
- Den Sinneswandel zum Ausdruck bringen – „Ich finde nicht gut, was ich getan habe, und ich möchte es nicht wieder tun."
- Um Vergebung bitten – „Kannst du mir bitte verzeihen?"

5. Sprechen Sie mit Ihrem Partner darüber, was er oder sie für eine aufrichtige Entschuldigung hält. Erzählen Sie, wie Sie es empfinden. Haben Sie vielleicht in der Vergangenheit diesbezüglich aneinander vorbeigeredet, weil Sie gegenseitig die falsche Sprache des Verzeihens benutzt haben?

6. Wann haben Sie sich das letzte Mal bei Ihrem Ehepartner entschuldigt? Wie hat er/sie reagiert?

7. Wann hat sich Ihr Partner das letzte Mal bei Ihnen entschuldigt? Wie haben Sie darauf reagiert?

8. Wie gut gelingt es Ihnen, Ihrem Ehepartner zu verzeihen, wenn er oder sie sich bei Ihnen entschuldigt hat? Was könnte der andere tun, um es Ihnen leichter zu machen? Tauschen Sie sich gemeinsam darüber aus.

9. Sich so beim Ehepartner oder den Kindern entschuldigen zu können, dass die Entschuldigung verstanden und angenommen werden kann, ist von großer Bedeutung, wenn man gesunde familiäre Beziehungen haben will. Es gehört zu den grundlegenden Sozialkompetenzen, die unsere Kinder lernen sollten. (Mehr über Sozialkompetenzen lesen Sie in Kapitel 9.)

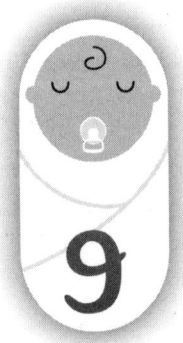

Wenn ich das nur gewusst hätte ...

Die soziale Kompetenz ist genauso wichtig wie akademische Fähigkeiten

Viele Eltern sind der Überzeugung, dass der schulische Erfolg für ihr Kind das Ticket in ein „gutes Leben" ist. Doch eine Eins im Zeugnis bedeutet nicht automatisch Erfolg im Leben. Ohne soziale Kompetenz kann auch ein Einserschüler eine Fünf oder Sechs für seinen Lebensstil bekommen. Viele Probleme, die im Arbeitsleben entstehen, kommen nicht daher, weil es an Fachwissen oder Intelligenz fehlt. Häufig entstehen diese Probleme aus zwischenmenschlichen Differenzen zwischen Personen, die nicht gelernt haben, mit diesen Differenzen angemessen und vernünftig umzugehen. Die meisten Eheleute, die sich scheiden lassen, sind intelligent, aber sie haben nie gelernt, wie man Konflikte ohne Streit löst; wie man die Liebe lebendig erhält, wenn die Euphorie des Verliebtseins vorüber ist; wie man Bitten formuliert statt Forderungen und viele andere Herausforderungen, die soziale Kompetenz erfordern.

Ich will damit nicht die Bedeutung akademischer Fähigkeiten herunterspielen. Auf dieses Thema gehen wir in Kapitel 10 ausführlich ein. Was ich aber sagen will: Akademische Fähigkeiten genügen nicht, um im Leben erfolgreich zu sein. In den meisten Berufen muss man mit anderen Menschen zusammenarbeiten. Unsere Fähigkeiten im zwischenmenschlichen Umgang können also durchaus über Erfolg und Misserfolg entscheiden. In diesem Kapitel möchte ich ein paar der sozialen Kompetenzen beschreiben, die für ein gutes Zusammenleben nötig sind. Und ich möchte Ihnen zeigen, wie Sie als Eltern Ihrem Kind bei der Entwicklung dieser Fähigkeiten helfen können.

Unsere Fähigkeiten im zwischenmenschlichen Umgang können also durchaus über Erfolg und Misserfolg entscheiden.

Als meine eigenen Kinder noch klein waren, wusste ich, welche Eigenschaften sie später einmal haben sollten: Sie sollten liebevoll, freundlich, verantwortungsbewusst und fleißig sein und gute Manieren haben. Ich wünschte mir, dass sie in der Lage wären, ihre Gefühle auf gesunde Weise zu verarbeiten und die Gefühle anderer zu respektieren. Sie sollten anderen Menschen höflich begegnen und fähig sein, sich mit ihnen aufmerksam zu unterhalten. Außerdem wünschte ich mir, dass sie hilfsbereit wären.

Ich muss allerdings zugeben, dass ich mir nur wenige Gedanken darüber machte, *wie* ich ihnen helfen konnte, diese Fähigkeiten zu entwickeln. Das meiste war nur Wunschdenken.

Ich möchte Ihnen einiges von dem weitergeben, was ich im

Lauf der Zeit gelernt habe – durch mein Studium, in der Beratungspraxis und durch die Erziehung meiner eigenen Kinder. Ich greife auch auf Shannons Erfahrungen und Ausbildung zurück.

Empathie

Beginnen wir mit der *Empathie* – der Fähigkeit, sich in die Gefühle anderer Menschen hineinzuversetzen und sich mit ihrem Leid oder ihrer Freude zu identifizieren. Das ist eine Grundvoraussetzung für Seelsorger oder Berater. Jeder erfolgreiche Therapeut ist ein Mensch mit Empathie.

Allerdings gibt es auch viele Erwachsene, die diese Fähigkeit nicht besitzen. Sie haben nie gelernt, ihre eigenen Gefühle zu akzeptieren und zu benennen. Darum fällt es ihnen schwer, die Gefühle anderer Menschen zu verstehen. Sie können ihrem Kollegen nicht helfen, der enttäuscht, traurig oder traumatisiert ist. Ihre Strategie besteht darin, auf Distanz zu bleiben zu den Menschen, die unter irgendetwas leiden. Sie mögen ansonsten gute, aufrichtige Menschen sein, aber ihnen fehlt diese soziale Kompetenz.

Wie aber bringen wir unseren Kindern bei, Mitgefühl zu empfinden? Es beginnt damit, dass wir versuchen, uns mit *ihren* Gefühlen zu identifizieren. Wenn ein Baby weint, gehen wir hin, um herauszufinden, warum es schreit. Es kann nicht sprechen, also ist das Ganze am Anfang ein Ratespiel. Das Schreien kann bedeuten, dass das Kind Hunger hat, eine frische Windel braucht, Schmerzen hat, müde oder gelangweilt ist oder sich einfach nach menschlicher Berührung sehnt. Mit der Zeit lernen wir als Eltern, zwischen den verschiedenen Arten des Weinens zu unterscheiden. Wenn wir geduldig, verlässlich und mitfühlend auf das Weinen des Babys reagieren, gelingt es uns nicht nur, die Bedürfnisse unseres Kindes zu stillen, sondern wir schaffen gleichzeitig die Grundlage für eine soziale Bindung zwischen uns und unserem Kind. Unser Vorbild ist der erste Schritt, unserem Kind Empathie für andere Menschen zu vermitteln.

Wenn aus dem Baby ein Kleinkind wird, das allmählich sprechen lernt, wird es für uns als Eltern leichter, seine Gefühle richtig zu interpretieren. Nun besteht unsere Rolle darin, den Emotionen des Kindes Worte zu verleihen. Wenn unser Kind zum Beispiel hinfällt und weint, nehmen wir es in den Arm und fragen: „Hast du dich verletzt? Zeig mal, wo es dir wehtut."

Unser Vorbild ist der erste Schritt, unserem Kind Empathie für andere Menschen zu vermitteln.

Im Lauf der Monate und Jahre helfen wir dem Kind dabei, ein Vokabular für seine Gefühle zu entwickeln. Unser Kind muss erst lernen, seine eigenen Emotionen zu identifizieren, bevor es in der Lage ist, sich in die Gefühle anderer hineinzuversetzen.

Irgendwann erreichen Kinder dann den Punkt, an dem sie sich mit den Gefühlen ihrer Eltern identifizieren können. Wenn Sie als Mutter sagen: „Ich bin traurig, weil du nicht auf mich hörst", und das Kind darauf antwortet: „Tut mir leid, Mama", dann empfindet es Mitgefühl mit Ihnen. Das ist ein langsamer Prozess, doch wenn wir sowohl über unsere Gefühle sprechen als auch über die des Kindes, sind wir auf dem richtigen Weg, damit unser Kind die wichtige Fähigkeit der Empathie ausbilden kann.

Freundlichkeit

Eine weitere soziale Kompetenz ist *Freundlichkeit* – damit gemeint sind Worte und Taten, die das Leben anderer Menschen bereichern. Wenn ein Kind lernt, Freundlichkeit auszudrücken, wird es dadurch nicht nur anderen Gutes tun, sondern auch selbst große Befriedigung darin finden. Albert Schweitzer, der sein Leben in seine Tätigkeit als Arzt im damaligen Französisch-Äquatorialafrika investierte, erhielt im Jahr 1952 den Friedensnobelpreis. In seiner Ansprache hierzu sagte er: „Eines weiß ich gewiss: Die Einzigen unter Ihnen, die wirklich glücklich sein werden, sind diejenigen, die danach gesucht haben, wie sie anderen dienen können, und es auch gefunden haben."[15]

Wenn wir unseren Kindern beibringen, freundlich zu sein, vermitteln wir ihnen eine der wichtigsten sozialen Fähigkeiten. Und alles beginnt damit, dass wir selbst freundlich mit unseren Kindern umgehen. Mit freundlichen Worten in einem freundlichen Tonfall sind wir unseren Kindern ein Vorbild. Und wenn wir unseren Kindern Gutes tun, zeigen wir ihnen dadurch ebenfalls unsere Freundlichkeit. Jedes Kind reagiert auf ein solches Verhalten positiv.

> *Wenn wir unseren Kindern beibringen, freundlich zu sein, vermitteln wir ihnen eine der wichtigsten sozialen Fähigkeiten.*

Wenn dies alles zur Gewohnheit geworden ist, können wir zu unserem Kind sagen: „Weißt du noch, wie gut es dir getan hat, als ich sagte, ich sei stolz auf dich? Lass uns jetzt mal etwas Nettes überlegen, das wir zu deiner Oma sagen könnten." Wahrscheinlich wird Ihr Kind voller Begeisterung sprudeln vor Ideen, was es alles zur Oma sagen könnte.

Oder Sie schlagen ihm vor: „Weißt du noch, wie sehr Mama sich gefreut hat, als wir beide die Garage aufgeräumt haben? Komm, wir überlegen mal, wie wir ihr eine Freude machen könnten."

Freundliche Worte und Taten werden Ihrem Kind auch später, wenn es erwachsen ist, sehr zugutekommen.

Die Kunst des Dankens

Eine dritte soziale Fähigkeit ist die *Dankbarkeit* – die Kunst des Dankens. Wenn ein Kind lernt, sich zu bedanken, entwickelt es dadurch eine soziale Kompetenz, die seine Beziehungen in der Kindheit und im Erwachsenenleben sehr fördert.

Einmal erzählte mir die Mitarbeiterin einer Schul-Mensa: „Ich bediene jeden Tag 300 Kinder beim Mittagessen. Aber nur zehn von ihnen sagen ‚Danke‘, wenn ich ihnen etwas gebe. Und es sind immer dieselben zehn. Sie lassen meinen Tag heller werden."

Wie wäre es, wenn Ihr Kind zu diesen zehn gehört?

Alles beginnt mit Ihrem Vorbild. Wenn Sie Ihrem Ehepartner für die Mahlzeit danken, die er oder sie zubereitet hat, wird Ihr Kind wahrscheinlich Ihrem Vorbild folgen. Äußern Sie sich lobend Ihrem Partner oder Ihren Kindern gegenüber: „Danke, dass du den Rasen gemäht, die Wäsche gewaschen, dein Zimmer aufgeräumt hast." Sprechen Sie mit Ihren Kindern darüber, dass Sie als Eltern hart dafür arbeiten, damit Ihre Familie in einem Haus oder einer Wohnung leben kann, damit Lebensmittel, Kleidung und viele andere Dinge bezahlt werden können. So bringen Sie Ihren Kindern bei, dass die Dinge, die sie genießen, nicht selbstverständlich sind. Dankbare Kinder sind meistens bei dankbaren Eltern aufgewachsen.

> *Dankbare Kinder sind meistens bei dankbaren Eltern aufgewachsen.*

Mit Kindern, ungefähr im Kindergartenalter, kann man auch das „Danke-Spiel" spielen. Jeder im Raum bringt seinen Dank zum Ausdruck für verschiedene Dinge, die er in dem Zimmer sieht. Zum Beispiel: „Ich bin dankbar für diesen Stuhl" oder: „Ich bin dankbar für den Teppich". Versuchen Sie, innerhalb von zehn Minuten möglichst viele Dinge zu benennen. Kleine

Kinder finden dieses Spiel ganz toll. Jedes Mal, wenn sie „Ich bin dankbar" sagen, entwickeln sie die Fähigkeit der Dankbarkeit ein kleines Stück weiter.

Wann haben Sie sich das letzte Mal bei jemandem bedankt? Wenn Sie sich nicht erinnern können, dann sollten Sie sich vielleicht das Ziel setzen, sich jeden Tag bei mindestens drei Personen zu bedanken. Wenn Sie selbst diese soziale Fähigkeit nicht besitzen, können Sie sie auch Ihren Kindern nicht vermitteln.

Konzentrierte Aufmerksamkeit

Eine vierte soziale Kompetenz ist die *konzentrierte Aufmerksamkeit* – das heißt, jemandem seine ganze Aufmerksamkeit zu schenken. Meine Frau Karolyn erinnert mich immer wieder daran, indem sie sagt: „Wo du bist, da sei ganz."

In der heutigen Zeit wird gerne die Fähigkeit zum Multitasking als Mittel zum Zeitsparen gefördert. Mit Multitasking kann man jedoch keine Beziehungen aufbauen. Hat Ihr Partner schon einmal zu Ihnen gesagt: „Kannst du mir bitte zuhören?", wenn Sie gleichzeitig fernsehen oder in den sozialen Medien unterwegs sind?

Wo du bist, da sei ganz.

Vielleicht haben Sie dann darauf geantwortet: „Ja, ich höre dir zu."

Tatsächlich ist es möglich, eine Sendung im Fernsehen zu verfolgen und gleichzeitig zuzuhören, was der Partner sagt, aber das ist keine konzentrierte Aufmerksamkeit. Unser Gegenüber möchte unsere ungeteilte Zuwendung.

Schenken wir jemandem unsere ganze Aufmerksamkeit, dann zeigen wir dieser Person damit, dass sie uns wichtig ist, dass wir ihre Gedanken, Ideen und Gefühle wertschätzen.

Wenn wir Augenkontakt halten, während der andere mit uns spricht; wenn wir Fragen stellen, um sicherzugehen, dass wir ihn richtig verstanden haben; wenn wir Zustimmung signalisieren und unsere Sicht der Dinge darlegen – dann beweisen wir damit, dass wir eine der wichtigsten Fähigkeiten zum Aufbau von Beziehungen beherrschen: die konzentrierte Aufmerksamkeit.

Die Fähigkeit, seine Aufmerksamkeit ganz auf eine Sache zu konzentrieren, hat auch viele andere Vorteile. Kinder, die in der Schule „aufpassen", können den Unterrichtsstoff besser verstehen. Selbst im Sport sind Kinder besser, wenn sie ihre Aufmerksamkeit auf das konzentrieren können, was gerade von ihnen verlangt wird. In fast jedem Bereich des Lebens können Kinder, die sich auf eine vorliegende Aufgabe konzentrieren, eine Aufgabe besser erledigen als Kinder, die sich leicht ablenken lassen. Dabei möchte ich jedoch nicht außer Acht lassen, dass es Kinder gibt, die aus anderen Gründen (z. B. weil sie unter ADHS leiden) Konzentrationsprobleme haben. Dann ist es unbedingt notwendig, dass Eltern und Kinder professionelle Hilfe suchen.

Wo also können Eltern ansetzen, wenn sie ihren Kindern die soziale Kompetenz der konzentrierten Aufmerksamkeit vermitteln möchten? Meiner Ansicht nach beginnt das schon, wenn die Kinder noch Babys sind und unsere ungeteilte Aufmerksamkeit erhalten. Damit meine ich nicht, dass dies rund um die Uhr geschehen muss. Aber es sollte ausgedehnte Zeiten geben, in denen wir mit unserem Kind sprechen, mit ihm singen, es auf den Arm nehmen und kuscheln: All diese Aktivitäten legen die Grundlage für die konzentrierte Aufmerksamkeit.

Wenn das Kind älter wird, hilft Vorlesen dabei, seine Aufmerksamkeitsspanne zu vergrößern. Manche Eltern begehen den Fehler, ihre Kinder schon in sehr jungem Alter vor den Bildschirm zu setzen. Aber Bildschirme vermindern unsere Konzentrationsfähigkeit, weil sie sich ständig verändern.

„Das Bundesministerium für Familie, Senioren, Frauen und Jugend empfiehlt, Kleinkinder bis zum Alter von eineinhalb Jahren nicht dem Fernsehen auszusetzen; bis zum Alter von drei Jahren sollten Kinder nur sehr selten und kurze, altersgerechte Sendungen sehen. … Den strahlenden Behauptungen pädagogisch wertvoller Videos und Software zum Trotz gibt es kaum Beweise, dass Kinder unter zwei Jahren irgendwelche Entwicklungsvorteile durch Medienkonsum haben."[16]

Auch wenn die Kinder älter werden, sollte die am Bildschirm verbrachte Zeit begrenzt und kontrolliert werden. Grenzenlose Computer- oder Fernsehzeiten fördern nicht die soziale Kompetenz der konzentrierten Aufmerksamkeit. Stattdessen wird dem Kind vermittelt, dass das Leben immer interessant, kurzweilig und lohnenswert sein muss. Doch im echten Leben und bei echten Menschen ist das nicht immer so. Kinder, die in eine Abhängigkeit vom Bildschirm geraten, haben große Probleme, die soziale Fähigkeit der konzentrierten Aufmerksamkeit zu entwickeln.

Je mehr wir jedoch altersgerechte Spiele mit unseren Kindern spielen, bei denen Augenkontakt, Gespräche und Nachdenken erforderlich sind, umso mehr lernen sie, sich in Gegenwart anderer Menschen wohlzufühlen. Gemeinsame Zeiten des Spielens sind wie ein Labor, in dem die sozialen Kompetenzen des Kindes entwickelt werden.

Auch durch Gespräche mit unseren Kindern können wir ihre konzentrierte Aufmerksamkeit fördern. Dabei sollten wir auf jeden Fall den Augenkontakt zu unseren Kindern halten und sie auffordern, das ebenfalls zu tun. Auch wir als Eltern neigen dazu, uns leicht ablenken zu lassen. Wenn wir mit unserem Kind sprechen und unser Smartphone piepst und wir sofort nachsehen, wer uns eine Nachricht geschickt hat, dann vermitteln wir unserem Kind dadurch: *Die Nachricht ist mir wichtiger als du.* Wir Eltern müssen also ebenfalls die konzentrierte Aufmerksamkeit üben.

Gutes Benehmen

Eine fünfte soziale Fähigkeit ist die des *guten Benehmens* – das heißt, im Umgang mit anderen Menschen bestimmte Dinge zu tun oder zu lassen.

Kürzlich wurde ich am Flughafen von einem jungen Mann abgeholt, der mich zum Hotel brachte. Ich sollte abends in seinem Geschäft einen Vortrag halten. Während der Fahrt fiel mir auf, dass er auf jede meiner Fragen mit einem „Ja, Sir" oder „Nein, Sir" antwortete. Zuerst dachte ich, er wäre zuvor beim Militär gewesen, doch das war nicht der Fall.

Am Abend hörte ich, wie er im Gespräch mit einer Kollegin entweder „Ja, Ma'am" oder „Nein, Ma'am" sagte. Anscheinend war er in einer Familie aufgewachsen, in der ihm diese Höflichkeitsformel beigebracht worden war: *Sprich einen Mann stets mit „Sir" an und eine Frau mit „Madam".*

„Jede Kultur und Subkultur hat ihre eigenen Anstandsregeln, die von allen erwartet werden und die man gewöhnlich zu Hause lernt. Hier einige wenige Anstandsregeln, die ich in einer Mittelklasse-Arbeiterfamilie im Südosten Amerikas gelernt habe:

- *Bedanke dich jedes Mal, wenn dir jemand ein Kompliment oder ein Geschenk macht.*
- *Sprich nicht mit vollem Mund.*
- *Bitte um Erlaubnis, bevor du mit den Spielsachen deiner Schwester spielst.*
- *Nimm nicht das größte Stück Hühnchen.*
- *Probier beim Essen zuerst ein wenig davon, bevor du es ablehnst. Dann kannst du sagen: ‚Das mag ich nicht besonders. Vielen Dank.'*
- *Betritt nie jemandes Zimmer, ohne angeklopft zu haben, und dann frage: ‚Darf ich bitte hereinkommen?'*
- *Mach zuerst deine Aufgaben, bevor du Ball spielst.*

- *Wenn du Mutter oder Vater bei einer Arbeit siehst, so frage immer: ‚Darf ich dir helfen?‘*
- *Warte, bis du an der Reihe bist, mit dem Roller zu fahren.*
- *Wenn Tante Zelda kommt, so umarme sie, wenn du sie an der Tür begrüßt.*
- *Wenn du möchtest, dass Johnny mit dir spielen kommt, so klopfe an seine Eingangstür und frage seine Mutter: ‚Darf Johnny mit mir spielen kommen?‘ Wenn sie sagt: ‚Jetzt nicht‘, sagst du ‚Danke‘ und gehst.*
- *Schrei deine Eltern und deine Schwester nicht an.*
- *Unterbrich nicht, wenn jemand spricht.*
- *Nimm deine Mütze ab, wenn du ins Zimmer kommst.*
- *Sieh die Person an, mit der du sprichst.*
- *Wenn du beim Essen Salz möchtest, so frage: ‚Gibst du mir bitte das Salz?‘*
- *Wenn du vom Tisch aufstehen möchtest, sag: ‚Darf ich aufstehen?‘“*[17]

All diese „Benimmregeln" sind dazu da, anderen Familienmitgliedern oder unseren Mitmenschen unseren Respekt zu zeigen. Es sind keine universellen Normen, aber doch in unserer Kultur so allgemein verbreitet, dass Sie vielleicht auch ein paar davon aus Ihrer Kindheit wiedererkennen. Sie müssen nicht unbedingt diese Liste übernehmen, aber ich möchte Sie ermutigen, eine eigene Liste mit Höflichkeitsregeln aufzustellen, die Sie Ihrem Kind beibringen möchten.

Lehrer berichten mir oft, dass ihr größtes Problem im Klassenzimmer der mangelnde Respekt ihrer Schüler sei. Viele akzeptieren die Autorität des Lehrers oder der Lehrerin nicht und gehen auch nicht respektvoll mit ihren Mitschülern um. Das führt häufig zu Störungen während des Unterrichts.

Wenn wir unseren Kindern gutes Benehmen beibringen, dann ist das der beste Weg, um ihnen den Respekt vor Vorgesetzten sowie dem Eigentum und den Rechten anderer Men-

schen zu vermitteln. Kinder müssen lernen, dass es Dinge
gibt, die wir tun oder nicht tun, weil wir uns gegenseitig respektieren. Das Schlüsselwort hier lautet „gegenseitig". Auch
wir als Eltern müssen unseren Kindern Respekt entgegenbrin-
gen, anstatt lediglich Respekt einzufordern. Wenn ein Kind
gelernt hat, Eltern und Geschwister zu respektieren, wird es
auch seinen Lehrkräften und anderen Erwachsenen mit Respekt begegnen. Wer als Kind häufig angebrüllt und respektlos
behandelt wird, wird auch als Erwachsener Probleme haben,
andere zu respektieren und rücksichtsvoll zu behandeln.

Nehmen Sie sich gemein-
sam mit Ihrem Partner etwas
Zeit, um aufzuschreiben, welche Verhaltensregeln Sie als
Kinder gelernt haben. Schau-
en Sie sich die Liste an und
überlegen Sie, welche dieser

*Kinder müssen lernen, dass es
Dinge gibt, die wir tun oder
nicht tun, weil wir uns
gegenseitig respektieren.*

Regeln Sie Ihrem eigenen Kind beibringen wollen. Sollten Sie
in einer Familie aufgewachsen sein, in der höfliches Benehmen nicht für besonders wichtig erachtet wurde, reden Sie mit
anderen Paaren und finden Sie heraus, welche Benimmregeln
diese ihren Kindern beibringen. Ihre Liste hilft Ihnen dabei,
diese soziale Fähigkeit nicht aus dem Blick zu verlieren.

Wenn Sie Ihre Liste erstellt haben, achten Sie bitte darauf,
wie höflich Sie als Paar miteinander umgehen. Hören Sie einander mit Empathie zu, versuchen Sie, die Sicht des anderen
zu verstehen? Formulieren Sie eher Bitten als Forderungen?
Bemühen Sie sich bei einem Konflikt um eine Lösung oder
versuchen Sie, den Streit zu gewinnen? Sagen Sie Ihrem Partner zuerst drei Dinge, die Sie an ihm oder ihr mögen, bevor
Sie um eine Veränderung bitten? Lassen Sie einen unangenehmen Vorfall in der Vergangenheit ruhen, wenn Ihr Partner
Sie um Verzeihung gebeten hat und Sie Ihre Vergebung angeboten haben?

Das sind nur ein paar Gedankenanstöße. Vergessen Sie nicht, dass Ihr Vorbild für Ihre Kinder extrem wichtig ist.

Umgang mit der Wut

Die sechste soziale Kompetenz ist unser *Umgang mit der Wut* – sie zu beherrschen, statt uns von ihr beherrschen zu lassen. Jeder Mensch empfindet manchmal Wut, Kinder ebenso wie Erwachsene. Das Problem ist nicht die Wut selbst, sondern unser Umgang mit ihr. Kinder, die nicht lernen, auf eine gesunde Weise damit umzugehen, werden später Probleme in ihren Beziehungen haben. Leider haben viele Eltern diese soziale Fähigkeit als Kinder nicht gelernt; darum bereitet ihnen der Umgang mit ihrer Wut Schwierigkeiten.

Fangen wir von vorne an. Es gibt zwei Arten von Wut: berechtigte und unberechtigte. Die berechtigte *Wut* ist unsere emotionale Reaktion, wenn wir tatsächlich unfair behandelt werden. Die unberechtigte *Wut* ist unsere Reaktion, wenn wir nicht das bekommen, was wir gerne wollen. Wenn Kinder ungefähr zwei Jahre alt sind, haben sie manchmal Wutanfälle, meistens weil sie nicht das bekommen, was sie unbedingt haben wollen: eine Süßigkeit, ein bestimmtes Spielzeug ... Das passiert nicht selten im Supermarkt und kann für uns Eltern ziemlich peinlich sein.

Es gibt zwei Arten von Wut: berechtigte und unberechtigte.

Damit das Kind sich wieder beruhigt, geben wir oft nach und drücken dem Kind die Süßigkeit oder das Spielzeug mit den Worten in die Hand: „Da hast du's! Und hör jetzt auf zu schreien." Doch auf diese Weise bringen wir dem Kind nur bei, dass es durch seine Wutanfälle das bekommt, was es will. Wenn sich dieses Muster weiter fortsetzt, wird aus dem Kind am Ende ein rebellischer Teenager und später ein Erwachsener, der sich selbst nicht im Griff hat.

Wie aber sollen wir als Eltern in einer solchen Situation reagieren? Ich rate Ihnen, sich einem Wutanfall Ihres Kindes niemals zu beugen. Wenn es im Supermarkt passiert, nehmen Sie Ihr Kind mit zum Auto und setzen Sie sich mit ihm hin, bis es sich beruhigt. Sagen Sie ihm, dass man auf diese Weise keine Süßigkeiten bekommt, dass es durch Weinen und Schreien niemals etwas zum Naschen erhalten wird. Dann gehen Sie mit Ihrem Kind wieder in den Supermarkt und setzen Ihren Einkauf fort. Wenn der Wutanfall sich zu Hause ereignet, sagen Sie Ihrem Kind,

Lassen Sie nicht zu, dass Ihr Kind durch sein wütendes, unbeherrschtes Verhalten bekommt, was es will.

dass es in sein Zimmer gehen soll, wenn es schreien will, da Sie dieses Verhalten in Ihrer Gegenwart nicht dulden. Kurz gesagt: Lassen Sie nicht zu, dass Ihr Kind durch sein wütendes, unbeherrschtes Verhalten bekommt, was es will. Bald schon wird Ihr Kind lernen, Bitten statt Forderungen zu formulieren, und wenn wir Eltern Nein sagen, wird es dadurch lernen, Autorität zu respektieren. Natürlich ist es wichtig, dass unsere Reaktion dem Kind gegenüber ruhig, sachlich und liebevoll geschieht; dass wir nicht selbst voller Wut auf die Wut des Kindes reagieren.

Sobald Sie den „Wutanfall-Test" bestanden haben und das Kind alt genug ist, um mit Ihnen zu reden, können Sie anfangen, ihm einen positiven Umgang mit seinem Ärger beizubringen. Erklären Sie Ihrem Kind, dass es besser ist, über unsere Wut zu sprechen, statt die Person, auf die wir wütend sind, anzuschreien oder sie zu schubsen. Wichtig ist hier jedoch, dass Sie das Alter und die Reife Ihres Kindes berücksichtigen. Manche Kinder sind sprachlich sehr gewandt und können sich schon früh gut ausdrücken und ihre Gefühle reflektieren. Anderen Kindern fällt das eher schwer; sie versuchen häufig, ihre Wut anders auszudrücken, z. B. durch Schreien oder Weinen.

Wenn Sie jedoch den Eindruck haben, dass Ihr Kind seine Gefühle begreift und benennen kann, können Sie ihm folgende Vorgehensweise vorschlagen: „Wenn du sauer auf mich bist, dann komm bitte zu mir und sag: ‚Ich bin wütend, können wir darüber reden?' Wenn ich gerade beschäftigt bin, dann sage ich vielleicht: ‚Ja, sobald ich fertig bin.' Und wenn ich gerade nichts Dringendes zu tun habe, sage ich: ‚Klar, setzen wir uns hin und reden. Also, warum bist du wütend?'" Dann hören Sie Ihrem Kind mit Empathie zu und versuchen, seinen Ärger nachzuvollziehen und Abhilfe zu schaffen.

Wenn Kinder merken, dass wir uns ihre Beschwerden anhören, lernen sie, darüber zu reden, statt zu schreien. Als Eltern besteht unsere Verantwortung darin, ihnen beizubringen, wie sie mit ihrer Wut umgehen können. Wenn Sie Ihr Kind tatsächlich unfair behandelt haben und es aus diesem Grund sauer auf Sie ist, sollten Sie sich entschuldigen, wie bereits in Kapitel 8 besprochen. Wenn Ihr Kind aber nur deshalb wütend ist, weil Sie ihm etwas nicht erlaubt oder gegeben haben, dann können Sie die Gründe dafür erklären

> *Wir müssen es selbst lernen, angemessen mit unserer Wut umzugehen, wenn wir unseren Kindern diese Fähigkeit beibringen wollen*

und die Entscheidung treffen, die Sie für Ihr Kind als die beste ansehen. Denken Sie daran: Sie sind die Eltern und wissen besser, was für Ihr Kind gut ist. Natürlich kann es sein, dass Ihr Kind trotzdem weint und zornig weggeht, weil es seinen Willen nicht bekommt. Aber zumindest weiß es jetzt, warum Sie das tun, was Sie tun.

Wir können unsere Kinder nicht davon abhalten zu weinen, wenn sie enttäuscht sind. Tatsächlich kann ein solches Weinen sogar hilfreich sein. Auch als Erwachsene weinen wir manchmal, wenn wir nicht bekommen, was wir uns wünschen. Aber ich hoffe, dass wir als Erwachsene nicht mehr herumbrüllen und mit Bausteinen um uns werfen, weil wir unseren Willen nicht durchsetzen konnten. Wie in Kapitel 7 bereits erwähnt, ist unser Vorbild für die Kinder extrem wichtig. Wenn Sie also mit Ihrem eigenen Ärger nicht in verantwortungsvoller Weise umgehen können, sollten Sie sich diesbezüglich Hilfe holen oder ein Buch zu diesem Thema lesen. Tipps und Hilfen, wie wir unseren Ärger verstehen und ihn verarbeiten können, finden Sie z. B. in meinem Buch *Die andere Seite der Liebe. Ärger, Wut und Zorn: Wie negative Gefühle zur positiven Kraft werden*.[18]

Die gute Nachricht ist: Wir sind nie zu alt, um dazuzulernen. Und wir müssen es selbst lernen, angemessen mit unserer Wut umzugehen, wenn wir unseren Kindern diese Fähigkeit beibringen wollen.

Die Bedeutung sozialer Kompetenzen

Zwei weitere soziale Kompetenzen sind ebenfalls äußerst wichtig für Kinder: sich entschuldigen sowie Liebe geben und empfangen. Da wir uns bereits intensiv mit diesen beiden Themen beschäftigt haben, werden wir sie hier nicht weiter ausführen – aber vergessen Sie bitte nicht, wie wichtig sie sind.

Ich wünschte, ich hätte diese sozialen Fähigkeiten gekannt, bevor wir Kinder bekamen. Ich muss gestehen, dass wir schon lange Eltern waren, ehe ich endlich lernte, mit meinem Ärger richtig umzugehen. In einigen anderen sozialen Kompetenzen war ich ein bisschen besser, aber auch hier gab es immer noch Luft nach oben. Ich bin überzeugt: Je besser Sie diese Fähigkeiten in Ihrem eigenen Leben entwickeln, umso effektiver können Sie sie dann auch Ihren Kindern beibringen.

Jetzt mal ehrlich

Fragen zum Nachdenken und Diskutieren

1. Welche Gefühle haben Sie heute empfunden? Nennen Sie einige davon. Wodurch wurden diese ausgelöst? Unsere eigenen Gefühle kennenzulernen, ist der erste Schritt, wenn wir unseren Kindern beibringen möchten, anderen Menschen mit Empathie zu begegnen.

2. Diskutieren Sie mit Ihrem Mann oder Ihrer Frau über Frage 1.

3. Welche freundlichen Worte haben Sie heute zu jemandem gesagt? Was haben Sie heute Gutes für jemanden getan? Sprechen Sie auch hierüber mit Ihrem Ehepartner.

4. Setzen Sie es sich zum Ziel, jeden Tag jemandem etwas Freundliches zu sagen oder jemandem etwas Gutes zu tun. Sie können gleich bei Ihrem Partner damit beginnen!

5. Nennen Sie zehn Dinge, für die Sie dankbar sind. Schreiben Sie diese auf und ergänzen Sie in dieser Woche jeden Tag eine Sache, für die Sie dankbar sind.

6. Wenn Ihr Ehepartner mit Ihnen spricht, hat er/sie dann Ihre volle Aufmerksamkeit? Setzen Sie sich in dieser Woche an einem Abend zusammen und schalten Sie den Fernseher, den Computer und das Smartphone aus. Schauen Sie einander an und erzählen Sie einander drei Ereignisse, die an diesem Tag passiert sind. Beschreiben Sie einander, wie es Ihnen damit ging. Wenn Sie lernen,

einander „konzentrierte Aufmerksamkeit" zu schenken, hilft Ihnen das bei der Vorbereitung auf Ihre Elternrolle.

7. Schreiben Sie eine Reihe von „Benimmregeln" auf, die man Ihnen als Kind beigebracht hat. Bitten Sie Ihren Partner, das auch zu tun. Vergleichen Sie Ihre Listen und überlegen Sie, welche dieser Regeln Sie Ihrem Kind beibringen möchten. Was möchten Sie auf dieser Liste noch ergänzen?

8. Ich spreche es ja ungern schon wieder an, aber wie sieht Ihr Umgang mit Ihrem Ärger aus? Wenn hier noch Bedarf zur Veränderung ist, empfehle ich Ihnen, ein Buch zu diesem Thema zu lesen – vielleicht zusammen mit Ihrem Partner – und darüber zu sprechen. Falsch verarbeitete Wut schadet den Beziehungen in Ehe und Familie.

Wenn ich das nur gewusst hätte ...

Eltern sind für die Bildung ihres Kindes verantwortlich

Bildung war eigentlich genau mein Thema, deshalb war ich überzeugt: Darin bin ich richtig gut. Schon bevor unser erstes Kind geboren wurde, hatte ich einen Master in Religionspädagogik. Ich wollte auf jeden Fall, dass unsere Kinder eine gute Bildung bekamen. Ich vermutete, sie würden es aufs College schaffen. Allerdings dachte ich nie darüber nach, welche Rolle mir dabei zukäme. Ich war ganz einfach der Auffassung, dass Bildung die Aufgabe der Schule sei. Wenn man mich damals gefragt hätte, welche Pläne ich für die Bildung meiner Kinder hätte, dann hätte ich wahrscheinlich geantwortet: „Ich werde sie wohl auf eine staatliche Schule schicken. So haben es meine Eltern auch gemacht und das war okay für mich."

Ich dachte nicht ernsthaft über die Tatsache nach, dass ein großes Maß an Bildung bereits stattfindet, bevor Kinder in die erste Klasse kommen. Und ich hatte mir auch nicht überlegt, dass unsere Kultur sich stark verändert hatte seit der Zeit, als ich zur Schule ging. Ich glaube, Karolyn hatte mehr Ahnung von den Bedürfnissen unserer Kinder in Sachen Bildung. Glücklicherweise holte sie mich mit an Bord.

Die ersten Lehrkräfte Ihres Kindes sind – Sie!

Beginnen wir mit ein paar Gedanken darüber, wie man Kindern Bildung vermittelt, schon bevor sie zur Schule gehen. Bildung hat mit dem Prozess des Lehrens und Lernens zu tun. Einer ist der Lehrende, der andere der Lernende, doch häufig wird Wissen in beide Richtungen vermittelt. Jedenfalls war es bei mir so. Während ich meinen Kindern etwas beibrachte, lernte ich gleichzeitig etwas über sie und von ihnen.

Bildung hat mit dem Prozess des Lehrens und Lernens zu tun.

Vieles an Bildung geschieht mitten im Alltag. Wir denken dabei nicht bewusst an „Bildung" und doch „bilden" wir unsere Kinder aus durch die Art und Weise, wie wir im Alltag auf sie reagieren.

Das möchte ich anhand eines Erlebnisses verdeutlichen, das Shannon mir schilderte:

Carson hatte Presley geschubst und sie war daraufhin auf den Asphalt gestürzt und hatte sich das Knie aufgeschürft. Meine erste Reaktion bestand darin, Presley zu trösten und ihr Knie zu verarzten. Das gab mir Zeit, meine Gedanken zu sammeln und mir zu überlegen, wie ich mit Carsons Fehlverhalten umgehen sollte. Carson sah zu, wie ich die Wunde versorgte. Er hatte offensichtlich ein schlechtes Gewissen.

Ein paar Minuten später machte ich ihm deutlich, dass er Presleys Unfall verursacht hatte. Er sagte: „Ich wusste nicht, dass sie sich am Boden verletzen würde."

Ich nahm ihn in den Arm und antwortete: „Aber jetzt weißt du, dass man sich am Boden das Knie aufschlagen kann. Schubs deine Schwester nicht wieder."

Ich ermutigte Carson, sich bei Presley zu entschuldigen, was er auch tat. Von diesem Ausgangspunkt konnten wir weitermachen – Presley mit einem verbundenen Knie und der Gewissheit, dass ich mich um ihren körperlichen und seelischen Schmerz kümmerte; Carson mit einer Lektion, die er (hoffentlich) gelernt hatte und bei der er beides erfahren hatte: sowohl meine Liebe zu ihm als auch meine Entschlossenheit, ihn für sein Verhalten zur Verantwortung zu ziehen; und ich mit der Verpflichtung, gleich das Abendbrot vorbereiten zu müssen, obwohl ich mir lieber eine Auszeit gegönnt hätte.

Während dieser kleinen alltäglichen Episode brachte Shannon ihrer Tochter bei, wie man mit jemandem umgeht, der sich verletzt hat, und sie zeigte ihrem Sohn, dass man sich auf dem Asphalt verletzen kann, dass man andere nicht schubsen darf und dass man sich entschuldigen muss, wenn man einen Fehler gemacht hat. Sie vermittelte ihren Kindern dadurch außerdem, dass Eltern ihre Kinder auch dann noch lieben, wenn sie sich falsch benommen haben. Ich bezweifle, dass Shannon in diesem Moment dachte: *Jetzt bilde ich meine Kinder aus.* Aber das war genau das, was sie tat. Bei jeder

Bei jeder Begegnung mit unseren Kindern sind wir Eltern Lehrer und Erzieher.

Begegnung mit unseren Kindern sind wir Eltern Lehrer und Erzieher.

Über das hinaus, was der Alltag uns an Gelegenheiten

bietet, sollten wir auch bewusst Lernsituationen für unsere Kinder schaffen. Ihnen etwas vorzulesen, ist zum Beispiel eine einfache Methode, mit der wir bereits sehr früh beginnen können, nämlich sobald unser Kind neben uns auf dem Sofa oder auf unserem Schoß sitzen kann. Bevor es die Bedeutung der Worte versteht, kann es die Bilder anschauen, die Seiten umblättern und so das Bewusstsein entwickeln, dass Bücher ein Teil unseres Lebens sind. Wenn Ihr Kind zu sprechen beginnt, können Sie auf das Bild einer Kuh deuten und „Kuh" sagen. So bringen Sie Ihrem Kind einen Begriff bei. Das Kind verbindet den Klang des Wortes „Kuh" mit dem dazugehörigen Bild, auch wenn es diesen Klang dem geschriebenen Wort noch nicht zuordnen kann. Das geschieht erst später. Doch bis dahin vermitteln wir unserem Kind bereits einen gewissen Wortschatz – ein wichtiger Teil der frühkindlichen Bildung.

Verschiedene Möglichkeiten der Kinderbetreuung im Vorschulalter

Wie bereits erwähnt hatten Karolyn und ich die Entscheidung getroffen, dass sie nach der Geburt unseres ersten Kindes ihren Beruf aufgeben und Hausfrau und Mutter sein würde. Demnach fand die frühkindliche Bildung und Erziehung unserer Kinder zu Hause statt, bis sie zur Schule gingen. Mir ist jedoch bewusst, dass in vielen Familien beide Elternteile voll berufstätig sind, dass manche Kinder mit nur einem Elternteil aufwachsen oder dass es heutzutage einfach üblich ist, Kinder in einer Kindertagesstätte anzumelden. In diesen Fällen findet die Prägung der Kinder nicht nur zu Hause, sondern auch durch andere Bezugspersonen statt.

Shannon und Stephen hatten das Glück, beide Großelternpaare in der Nähe zu haben, die bereit waren, sie bei der Betreuung der Kinder zu unterstützen. Das kann eine hervorragende Regelung sein, wenn Ihre Eltern nicht weit entfernt wohnen und für diese Aufgabe bereitstehen. Denn wem könnte das Wohl der Kinder mehr am Herzen liegen als den Großeltern? Als Shannons und Stephens Kinder zwischen ein und zwei Jahren alt waren, meldeten sie sie an zwei oder drei Vormittagen in einer Tagesstätte an. Das ermöglichte Shannons Mutter, die hauptsächlich die Kinderbetreuung übernommen hatte, eine Pause, in der sie Besorgungen machen oder andere persönliche Dinge erledigen konnte.

In der Kindertagesstätte, die Shannon ausfindig gemacht hatte, wurden die Kinder liebevoll gefördert durch Mitarbeiter, die eine freundliche und positive Einstellung hatten und immer um die Sicherheit der Kinder besorgt waren. Ich möchte Ihnen als Eltern noch einmal den Rat geben, hier unbedingt Ihre „Hausaufgaben" zu machen, bevor Sie Ihr Kind in einer Betreuungseinrichtung anmelden. Suchen Sie im Internet, welche Möglichkeiten es in Ihrer Umgebung gibt, doch das sollte nicht alles sein. Sprechen Sie mit anderen Eltern, die Kinder im selben Alter haben, besuchen Sie die Einrichtungen, reden Sie mit den Betreuern und Leitern und beobachten Sie die Abläufe dort. Ja, das alles braucht Zeit, aber diese Mühe lohnt sich, wenn Sie eine freundliche und sichere Umgebung für Ihr Kind finden wollen, wo man sich um es kümmert und wo es gut versorgt und gefördert wird.

Wenn Sie dann Ihre Wahl getroffen haben und Ihr Kind in den Kindergarten oder die Krippe geht, bleiben Sie weiterhin am Ball. Unterstützen Sie das Betreuungspersonal, bringen Sie sich nach Möglichkeit selbst mit ein. Normalerweise sind Kindertagesstätten für jedes Engagement der Eltern dankbar. Wenn Ihre Eltern Ihnen bei der Betreuung der Kinder helfen, so lautet Shannons Rat, sollten Sie regelmäßig überprüfen, ob es ihnen auch an nichts fehlt, um Ihr Kind zu versorgen. Halten Sie ihren Einsatz nicht für etwas Selbstverständliches, sondern danken Sie ihnen immer wieder für die unschätzbar wertvolle Hilfe, die sie Ihnen und Ihren Kindern zuteilwerden lassen.

Beim Thema Vorschulerziehung möchte ich auch noch die wichtige Rolle der christlichen Gemeinden in diesem Bereich hervorheben. Nicht alle Gemeinden sind gleich. Manche bieten hervorragende Kindergruppen an, andere eher nicht. Manche Kirchengemeinden haben eigene Kindertagesstätten, einen Kindergottesdienst sowie Angebote für verschiedene Altersstufen. Als Karolyn und ich in eine andere Stadt umzogen, wo ich studieren wollte, wählten wir unsere Gemeinde anhand von deren Angeboten für Kinder aus. (Ich kann mich eher mit einer schlechten Predigt abfinden als mit einer Gemeinde, die keine hervorragende Kinderarbeit anbietet.) Vielleicht sind Sie im Moment keine Kirchgänger, dennoch sollten Sie überlegen, ob Sie diese wertvolle Unterstützung bei der Erziehung Ihres Kindes nicht in Anspruch nehmen wollen.

Ich kann mich eher mit einer schlechten Predigt abfinden als mit einer Gemeinde, die keine hervorragende Kinderarbeit anbietet.

Kinder wachsen schnell aus dem Säuglingsalter heraus. Aus dem Kleinkind wird ein Vorschulkind und schließlich kommt der Tag, an dem es für die erste Klasse angemeldet wird. Ich kann mich noch genau erinnern, wie das bei unseren Kindern war. Wir kauften Schulmaterial und Ranzen, machten Fotos und erklärten den Kindern, wie viel Spaß die Schule ihnen machen würde. (Und ja, es gab schon ein paar Tränen bei dem Gedanken, dass unsere „Kleinen" nun keine Babys mehr waren, sondern offiziell Schulkinder.)

Exkurs:
Das Schulsystem in Deutschland, Österreich und der Schweiz –
ein Überblick ohne Anspruch auf Vollständigkeit

Deutschland

Wie in vielen Bereichen gibt es auch beim Thema „Schule" in den verschiedenen deutschen Bundesländern unterschiedliche Vorgehensweisen. Deshalb sollen die folgenden Anmerkungen nur allgemeiner Natur sein. Wie genau es in Ihrer Gemeinde oder Ihrer Stadt mit der Schule funktioniert, erfahren Sie am besten von anderen Eltern bzw. in Ihrem Kindergarten. Viele Grundschulen bemühen sich sehr darum, den Übergang der Kinder vom Kindergarten in die Schule behutsam und liebevoll zu gestalten, und stehen deshalb häufig schon früh in engem Kontakt miteinander.

In Deutschland wird ein Kind normalerweise im Alter von sechs Jahren eingeschult. Zu welchem Stichtag dieses Alter erreicht sein muss, variiert von Bundesland zu Bundesland (vom 30.06. bis zum 30.09.). Außerdem gibt es die Möglichkeit, das Kind – nach Absprache mit Bildungseinrichtungen, Ärzten und eventuell dem Jugendamt – vorzeitig einzuschulen bzw. ein Jahr zurückstellen zu lassen.

In der Regel besucht Ihr Kind die Grundschule, in dessen Einzugsgebiet Sie als Familie wohnen. Die Wahl einer anderen Grundschule ist in den meisten Fällen eine Ausnahme und muss gut begründet sein – z. B. leben die Großeltern, die das Kind nachmittags betreuen, in einem anderen Stadtteil oder Sie legen Wert darauf, Ihr Kind woanders einzuschulen, weil es mit Ihrer Arbeit besser passt. Auch das Konzept, das die Grundschule verfolgt, kann ggf. ausschlaggebend sein: Eltern, die Vollzeit berufstätig sind, wünschen häufig eine Ganztagesbetreuung durch Ganztagsschulen oder Hortangebote. Diese Angebote sind von Ort zu Ort, von Bundesland zu Bundesland sehr unterschiedlich. Generell kann man jedoch sagen, dass sich das Konzept der gebundenen oder ungebundenen Ganztagsschule immer weiter verbreitet.

Zur eigentlichen Schulwahl kommt es in Deutschland in der Regel erst nach der 4. Klasse, wenn die Grundschulzeit abgeschlossen ist. Dann entscheiden Sie als Eltern, ob Ihr Kind auf das Gymnasium, die Realschule oder die Haupt- bzw. Mittelschule gehen soll. In manchen Bundesländern dürfen Sie frei entscheiden; andere Bundesländer verlangen einen bestimmten Notenschnitt aus der Grundschule, um z. B. ein Gymnasium oder eine Realschule besuchen zu können. Gesamtschulen werden in einigen Gegenden ebenfalls angeboten. Doch damit nicht genug: Wenn Sie sich für einen Schultyp entschieden haben, stehen häufig immer noch mehrere Schulen zur Auswahl. Welches Gymnasium soll es sein? Welcher Schwerpunkt wird dort gesetzt? Ist mein Kind eher sprachlich oder naturwissenschaftlich begabt?

Die meisten weiterführenden Schulen bieten vor der Schulwahl Informationstage an. Nutzen Sie die Gelegenheit, sich die Schulen anzusehen, mit Lehrern und anderen Eltern zu sprechen und sich einen ersten Eindruck zu verschaffen.

Das Bildungssystem in Deutschland ist staatlich organisiert, doch das Bildungssystem liegt in der Hoheit der einzelnen Bundesländer. Dadurch ergeben sich Unterschiede in Lehrplänen und Schwerpunkten; das kann zum Problem werden, wenn Sie in ein anderes Bundesland umziehen. Der Besuch der staatlichen Schulen ist kostenlos. Bei Privatschulen werden Schulgebühren erhoben. Es besteht Schulpflicht; das sogenannte „Homeschooling", bei dem die Kinder von Eltern oder anderen Betreuungspersonen zu Hause unterrichtet werden, ist in Deutschland nicht erlaubt.

Österreich

Etwas anders sieht es in diesem Punkt in Österreich aus: Hier ist Homeschooling zwar nicht die Regel, ist aber grundsätzlich möglich. Auch hier gilt, dass der Besuch der Volksschule (entspricht der deutschen Grundschule) normalerweise an den Schulsprengel gebunden ist; in manchen Gegenden, z. B. in Wien, ist jedoch die Schulbindung aufgehoben, sodass die Eltern dort frei zwischen staatlichen oder privaten Schulen wählen können. Häufig existieren innerhalb einer Schule verschiedenen Lern- bzw. pädagogische Modelle, für die die Eltern sich individuell entscheiden können.

In Österreich werden Kinder ab sechs Jahren „unterrichts- bzw. bildungspflichtig" (da ja keine Schulpflicht besteht, s. o. zu Homeschooling). Insgesamt dauert die Schulpflicht neun Jahre. Allerdings ist auch das letzte Kindergartenjahr bereits verpflichtend, in dem die Kinder eine bestimmte Anzahl von Stunden pro Woche anwesend sein müssen. Kinder, die als nicht schulreif angesehen werden, bekommen in gesonderten Vorschulklassen spezielle Förderung und Unterstützung.

Auch hier fällt nach vier Jahren Volksschulzeit die Entscheidung, auf welche weiterführende Schule das Kind gehen soll: die Allgemeinbildende Höhere Schule (Gymnasium mit Abschluss Matura), die Neue Mittlere Schule oder die Hauptschule. Entscheidend sind die Noten des Kindes, doch manche Schulen verlangen noch gesonderte Aufnahmeprüfungen. Seit wenigen Jahren wird in Österreich die Matura mit zentral gestellten Aufgaben absolviert, d. h. in ganz Österreich wird die gleiche Prüfung verlangt. Im Gegensatz dazu obliegen in Deutschland die Abiturprüfungen den einzelnen Bundesländern.

Schweiz

Da es in der Schweiz in den verschiedenen Sprachregionen große Unterschiede gibt, was Lehrpläne, Schulsysteme und selbst die Bezeichnungen für die verschiedenen Schultypen betrifft, können keine allgemein gültigen Angaben gemacht werden. Die Beispiele, die wir hier nennen, orientieren sich am Schulsystem des Kantons St. Gallen.

In der Schweiz gliedert sich das Schulsystem ein wenig anders auf. Hier beginnt die Schulpflicht bereits in dem Jahr, wenn das Kind zu einem bestimmten Stichtag, z. B. zum 31.07., das vierte Lebensjahr beendet hat: Die Primarschule umfasst zwei Kindergartenjahre sowie sechs Jahre Schule. Schulpflichtig ist ein Kind insgesamt elf Jahre (zwei Jahre Kindergarten, sechs Jahre Unter- und Mittelstufe, drei Jahre weiterführende Schule). Nach der Primarschule gibt es verschiedene Schultypen, die – ähnlich wie in Deutschland und Österreich – zu verschiedenen Schulabschlüssen führen: Realschule (vergleichbar mit der deutschen Haupt- oder Mittelschule), Sekundarschule (vergleichbar der deutschen Realschule) sowie Gymnasium bzw. Kantonsschule (vergleichbar dem deutschen Gymnasium). Je nach Noten entscheidet sich, ob der Schüler auf die Realschule bzw. auf die Sekundarschule geht. Nur die Schüler der Sekundarschule haben dann die Möglichkeit, zu einem Gymnasium bzw. einer Kantonsschule zu wechseln. Übrigens ist das Schweizer Schulnotensystem genau umgekehrt zum deutschen: Die besten Schüler erhalten in der Schweiz eine 6, in Deutschland dagegen eine 1!

Ähnlich wie in Deutschland und Österreich gibt es auch in der Schweiz die Möglichkeit, Privatschulen zu besuchen. Diese Schulen unterliegen der staatlichen Schulaufsicht, erheben aber Unterrichtsgebühren, die von den Eltern bezahlt werden müssen. Homeschooling ist in der Schweiz grundsätzlich möglich, die Gegebenheiten variieren jedoch von Kanton zu

Kanton. Ein grundsätzliches Verbot von Homeschooling, wie es in Deutschland der Fall ist, gibt es in der Schweiz nicht.

Wachsende Selbstständigkeit

Der erste Schritt vom Elternhaus in den Kindergarten oder die Kinderkrippe, der nächste Schritt vom Kindergarten in die Grundschule, dann der Schritt in die weiterführende Schule – all das erfordert von uns Eltern, dass wir unsere Kinder Stück für Stück loslassen und weiter in die Selbstständigkeit entlassen. Während wir die Erzieherinnen im Kindergarten und die Lehrerin aus der Grundschule meistens noch persönlich kennen, ist das auf weiterführenden Schulen häufig nicht mehr der Fall. Dennoch möchten Shannon und ich Ihnen sehr ans Herz legen, sich nach Ihren Möglichkeiten in der Schule für Ihr Kind zu engagieren: zum Beispiel im Elternbeirat, bei Projekten und Veranstaltungen oder bei Elternabenden. Manche Schulen sind sehr daran interessiert, dass Eltern aus verschiedenen Berufen die Klassen besuchen und den Kindern ihren Arbeitsalltag vorstellen. Diese aktive Teilnahme wirkt sich im sozialen und pädagogischen Bereich positiv auf Kinder, Eltern, unsere Schulen und die Gesellschaft aus.

Das Gespräch über schulische Inhalte eröffnet den Eltern meist weitere Möglichkeiten, ihren Kindern Bildung zu vermitteln.

Unterhalten Sie sich als Eltern mit Ihren Kindern über das, was sie in der Schule lernen und wie sie dies in ihrem Alltag anwenden können. Das Gespräch über schulische Inhalte eröffnet den Eltern meist weitere Möglichkeiten, ihren Kindern Bildung zu vermitteln. Unterstützen Sie Ihre Kinder, indem Sie Ihnen Materialien zur Verfügung stellen oder z. B. für ein Referat gemeinsam im Internet oder in der Bücherei recherchieren. Doch widerstehen Sie der Versuchung, Ihr Kind zu kontrollieren oder ihm seine Aufgaben abzunehmen. Suchen Sie, gerade in der Grundschulzeit, wenn Sie als Eltern selbst noch unsicher sind, den Kontakt zu den Lehrern Ihres Kindes. Scheuen Sie sich nicht, Fragen zu stellen oder Probleme zu thematisieren. Lassen Sie sich von den Lehrern Ihres Kindes Ihre eigene Einschätzung bestätigen oder korrigieren. Lehrer und Erzieherinnen sind ausgebildete Pädagogen, die häufig jahrzehntelange Erfahrung im Umgang mit Kindern haben. Vertrauen Sie darauf, dass diese Menschen auch Ihr Kind richtig einschätzen und beurteilen können.

Bildung außerhalb der Schule

Kinder sind normalerweise unglaublich wissensdurstig. Nützen Sie das, indem Sie mit ihnen Sachbücher anschauen, geeignete DVDs besorgen oder Lernspiele für den PC anschaffen. Doch bitte tun Sie das nicht, um Ihr Kind zu überfordern. Wenn möglich,

Nutzen Sie die natürliche Neugierde und Wissbegierde Ihres Kindes aus!

sorgen Sie dafür, dass Ihr Kind zu Hause in einer Umgebung ohne Leistungsdruck lernen kann. Gerade wenn es Probleme in der Schule gibt und das Kind dort unter Leistungsdruck steht, helfen Sie ihm, dass es sich zu Hause in einer entspannten Atmosphäre mit den Dingen beschäftigen kann, die es gerne macht. Nutzen Sie die natürliche Neugierde und Wissbegierde Ihres Kindes aus!

Auch wenn Ihr Kind in der Schule und damit im „Bildungssystem" ist, heißt das nicht, dass Ihre Verantwortung als Eltern für die Bildung Ihres Kindes damit vorüber ist. Ganz im Gegenteil: Gerade wenn Ihr Kind im Umgang mit anderen Kindern, neuen Lehrern oder anspruchsvollem Lerninhalt

> *Nehmen Sie Ihre Verantwortung als Eltern ernst, doch vermeiden Sie es, Ihre Kinder unter Druck zu setzen.*

mit anderen Ansichten und Werten konfrontiert wird, ist es Ihre Aufgabe als Eltern, Ihrem Kind weiterhin Ihr Wertesystem zu vermitteln, Fragen zu beantworten und gemeinsam Unsicherheiten durchzustehen.

Nehmen Sie Ihre Verantwortung als Eltern ernst, doch vermeiden Sie es, Ihre Kinder unter Druck zu setzen. Vermitteln Sie das, was Ihnen für die Bildung Ihrer Kinder wichtig ist, möglichst spielerisch und liebevoll in einer entspannten Atmosphäre. Wenn es Ihnen gelingt, solche Lern-Momente zu schaffen, zu erkennen und zu nutzen, werden sich Ihre Kinder gerne daran zurückerinnern und sehr davon profitieren.

Jetzt mal ehrlich

Fragen zum Nachdenken und Diskutieren

1. In den ersten vier oder fünf Lebensjahren Ihres Kindes werden Sie, Ihr Ehepartner und gegebenenfalls weitere Betreuungspersonen einen großen Einfluss auf die Bildung Ihres Kindes haben. Welche Aspekte der Vorschulbildung sind für Sie die wichtigsten?

2. Haben Sie und Ihr Partner schon überlegt, welche Möglichkeiten Sie für die Bildung Ihres Kindes in dieser Zeit haben? Wird einer von Ihnen bei den Kindern zu Hause sein? Oder werden Sie beide ganztags arbeiten? Möchte einer von Ihnen beiden seine Berufstätigkeit einschränken, um mehr Zeit für Ihr Kind zu haben?

3. Wenn Sie beide ganztägig Ihrem Beruf nachgehen möchten, wen haben Sie als Betreuungsperson für Ihr Kind vorgesehen? Müssen Sie sich hier noch weiter informieren?

4. Denken Sie über Ihre eigene Schulzeit in der Grundschule, der Hauptschule, der Realschule oder dem Gymnasium nach. Was waren Ihre angenehmen oder weniger angenehmen Erfahrungen? Tauschen Sie sich als Ehepartner darüber aus.

Wenn ich das nur gewusst hätte ...

Eine Ehe gelingt
nicht von selbst

Vor einiger Zeit saß ein junger Mann in meiner Beratungspraxis und sagte zu mir: „Ich habe meine Frau verloren."

„Meinen Sie damit, dass Sie von ihr verlassen wurden?",
fragte ich besorgt.

„O nein, keineswegs. Ich meine damit, dass das Baby zum
Mittelpunkt ihres Lebens geworden ist. Es ist, als ob sie jetzt
nur noch Mutter ist, keine Ehefrau mehr. Ich weiß, das Baby
kostet sie viel Kraft, aber wie sollen wir unsere Ehe am Leben
erhalten? Ich habe wirklich das Gefühl, meine Frau verloren
zu haben."

Im Lauf der Jahre habe ich immer wieder solche Klagen in
meinem Büro gehört. Manchmal waren es Männer, die den

Eindruck hatten, dass ihre Frau mit dem Baby verheiratet war. Oder es waren Frauen, die das Gefühl hatten, dass ihr Mann mit seinem Beruf verheiratet war.

Eine Frau beschwerte sich: „Er hilft mir nie mit dem Baby. Wenn er von der Arbeit kommt, setzt er sich an den Computer und bereitet sich auf den nächsten Tag vor. Ich bin aber der Meinung, dass ein Baby seinen Vater genauso braucht wie seine Mutter. Ich weiß, dass ich seine Hilfe brauche, und fühle mich alleingelassen."

Tatsächlich gelingt eine Ehe nicht von selbst, nachdem das erste Kind geboren ist. In Kapitel 1 haben wir darüber gesprochen, wie ein Baby unsere Zeitplanung radikal verändert. Im vorliegenden Kapitel möchte ich Ihnen ein paar praktische Vorschläge machen, wie Sie Ihre Ehe am Leben erhalten, während Sie Ihre Kinder großziehen. Ich bin überzeugt: Sie können sowohl gute Eltern sein als auch eine gesunde, glückliche Ehe führen.

Zuerst einmal sollten Sie sich darüber im Klaren sein, dass die Dinge sich ändern, wenn Sie ein Kind haben. Sie können nicht einfach so weitermachen wie bisher. Nun sind Sie zu dritt, nicht mehr zu zweit, und dieser Dritte im Bunde braucht eine Menge Aufmerksamkeit von den anderen beiden. Ja, Sie werden jetzt viel weniger Freizeit haben als zuvor. Aber finden Sie sich nicht mit dem Gedanken ab, dass „wir deshalb jetzt keine Zeit mehr füreinander haben"! Es gibt mit Sicherheit einen Weg, wie Sie sich um Ihr Kind kümmern und trotzdem einander lieben und ermutigen und füreinander sorgen können. Schließlich machen Ehepaare das schon seit Tausenden von Jahren so! Manche Paare haben drei oder mehr Kinder und führen trotzdem eine glückliche Ehe. Deshalb möchte ich Ihnen gerne ein paar Ratschläge weiter-

> *Ich bin überzeugt: Sie können sowohl gute Eltern sein als auch eine gesunde, glückliche Ehe führen.*

geben, die Shannon und ich in all den Jahren durch die Beratung von Hunderten von Paaren gelernt haben.

Ihre Ehe kann sich auch nach der Geburt des Babys positiv weiterentwickeln

Der erste Schritt ist eine *Entscheidung* – der feste, gemeinsam getroffene Beschluss: *Wir werden einen Weg finden, unsere Ehe zu gestalten und zu vertiefen, während wir unser Kind großziehen.* Das erfordert eine bewusste Entscheidung von beiden Ehepartnern; sie müssen miteinander darüber sprechen und sich darauf einigen. Setzen Sie es nicht als selbstverständlich voraus. Fassen Sie Ihren Entschluss in Worte. Besiegeln Sie ihn mit einer Umarmung und einem Kuss! Nun sind Sie beide im selben Boot und steuern in die gleiche Richtung mit dem festen Willen, das Ganze zum Erfolg zu führen. Denken Sie an das alte Sprichwort: „Wo ein Wille ist, ist auch ein Weg." Es hängt also sehr viel an unserer bewussten Entscheidung!

Wenn Sie mehrere Kinder bekommen, müssen Sie Ihren Entschluss wahrscheinlich von Zeit zu Zeit erneuern, denn mit jedem weiteren Kind vermehrt sich auch die Arbeitsbelastung.

Shannon erzählt von ihren eigenen Problemen:

Ein paar Monate nach der Geburt unseres dritten Kindes merkten Stephen und ich, dass wir unseren „Beschluss" neu überdenken mussten. Wir erinnerten uns nur noch vage daran, wie unser Leben ohne Kinder gewesen war, und wussten, dass wir uns damals näher gewesen waren. Wir arbeiteten beide ganztags, kümmerten uns beide um unsere Kinder und hatten immer weniger Zeit füreinander. Wir sprachen nicht mehr so viel miteinander. Wir gingen nicht mehr so liebevoll miteinander um. Manchmal fielen unfreundliche und schroffe Worte. Wir ließen unseren Frust aneinander aus. Beide wussten wir, dass sich etwas ändern musste. Also führten wir ein offenes, ehrliches Gespräch und erneuerten unseren Beschluss, unsere Ehe so zu gestalten, wie wir sie haben wollten. Das war ein Wendepunkt für uns. Wir unternahmen bewusste Schritte, um unseren Lebensstil zu verändern.

Wenn Sie schon einmal ein Buch von mir gelesen haben, dann wissen Sie, dass auch Karolyn und ich in der ersten Zeit unserer Ehe Probleme hatten. Unsere gemeinsame Entschlossenheit half uns jedoch, weiter an unserer Ehe zu arbeiten, auch wenn die Hindernisse unüberwindlich schienen. Das ist wahrscheinlich auch der Grund, warum ich so viel

Die Geburt eines Kindes löst nicht die Beziehungsprobleme, die schon vorher da gewesen sind.

Hoffnung für Ehepaare habe, die in einer Krise stecken. Ich weiß: Wenn Karolyn und ich es mit all unseren Unterschieden gelernt haben, als Team zu arbeiten und eine liebevolle Beziehung aufzubauen, in der man sich gegenseitig unterstützt, dann können andere das auch schaffen.

Manchmal sage ich zu Paaren, die meinen Rat suchen: „Ich kann verstehen, dass Sie keine Hoffnung mehr haben. Also arbeiten wir auf der Grundlage meiner Hoffnung für Sie. Ich bitte Sie nicht, Hoffnung zu haben, sondern die Entscheidung zu treffen, dass Sie Schritte unternehmen, Ihr Verhalten und Ihre Einstellung verändern und beobachten, was dann passiert."

Wenn ein Ehepaar sich dazu entschließt, dann kann es die Ehe aufbauen, die es sich schon immer gewünscht hat.

Die Geburt eines Kindes löst nicht die Beziehungsprobleme, die schon vorher da gewesen sind. Manche Paare sind der Überzeugung: „Ein Baby wird uns fester zusammenschweißen."

Und tatsächlich: Wenn wir unser Kind anschauen, haben wir das überwältigende Gefühl, dass „wir" dieses Wesen gemeinsam hervorgebracht haben. Es stellt sich das psychologische Empfinden ein, zusammen auf dieser Reise unterwegs zu sein. Allerdings kann die Geburt eines Kindes eine zerbrochene Beziehung nicht heilen. Sie kann höchstens zu der Erkenntnis beitragen, dass wir unsere Probleme angehen müssen, nicht nur um unseretwillen, sondern auch zum Wohl des Kindes. Das motiviert Paare häufig dazu, sich Hilfe zu holen. Und wenn ein Ehepaar Hilfe sucht, wird es sie auch finden.

Flüchten Sie sich nicht in diese oder ähnliche Ausreden, die wir häufig in unserer Beratungspraxis zu hören bekommen: „Ich habe keine Zeit." – „Ich habe nicht genug Kraft." – „Wir haben nicht genug Geld." – „Sie weiß doch, dass ich sie liebe." – „Er ist das Problem, nicht ich." – „Ich werde mich verändern, wenn sie sich verändert." – „Wir haben es schon versucht und verschwenden nur unsere Zeit mit einem neuen Versuch." – „Es geht uns doch gut." – „Sie übertreibt, wenn es um unsere Probleme geht."

Mit solchen und ähnlichen Aussagen vertuschen manche Paare ihre mangelnde Entschlossenheit, an ihrer Beziehung zu arbeiten. Wenn Sie solche Ausreden gebrauchen, werden Sie selbst zu Ihrem schlimmsten Feind. Darum möchte ich Sie auffordern, sich eine *Wir-können-und-wir-wollen*-Mentalität anzueignen. Ich verspreche Ihnen: Sie werden Ihre Mühe nie bereuen!

Ganz gleich, ob Sie eine glückliche Ehe führen oder eine Beziehung, in der es heftig kriselt: Ich hoffe, Sie finden die Hinweise in diesem Kapitel hilfreich. Eine Ehe wächst entweder oder macht Rückschritte. Es gibt in einer Beziehung keinen Stillstand. Ich wünsche Ihnen, dass Ihre Ehe wächst, während Sie sich darum bemühen, gemeinsam für Ihr Kind verantwortungsvolle Eltern zu sein.

Kommunikation – der Sauerstoff für Ihre Ehe

Reden und zuhören – es scheint so einfach. Kommunikation ist für die Ehe so etwas wie der Sauerstoff für den Körper. Sie erhält die Ehe am Leben. Wenn ich weiß, was meine Frau denkt, was sie heute erlebt hat und wie sie sich fühlt, kann ich ihr besser helfen und sie ermutigen. Aber ich werde nie erfahren, was in ihr vorgeht, wenn sie nicht redet und ich nicht zuhöre. Und genauso wenig kennt sie meine Gedanken und Gefühle, es sei denn, ich offenbare sie ihr im Gespräch und sie ist bereit zuzuhören.

Darum empfehle ich Ihnen Folgendes: Etablieren Sie eine Zeit des „täglichen Austausches", in der Sie sich hinsetzen und einander zuhören. Und wenn es nur eine Viertelstunde ist – Hauptsache, Sie finden jeden Tag heraus, wie es dem anderen geht. Nach diesem täglichen Austausch sollten Sie einander die Frage stellen: „Wie kann ich dir helfen?" Denn genau darum geht es ja in der Ehe: dass Mann und Frau einander helfen, ihr Potenzial so zu entfalten, dass sie in dieser Welt etwas Gutes bewirken können. Ein altes hebräisches Sprichwort lautet: „Zwei haben es besser als einer allein."[19] Aber das trifft nur zu, wenn wir auch bereit sind, einander zu unterstützen.

Etablieren Sie eine Zeit des „täglichen Austausches", in der Sie sich hinsetzen und einander zuhören.

Ich bin nicht so naiv, dass ich davon überzeugt wäre, dass jeder, der in einer Beziehung lebt, diese Einstellung hat: *Wie kann ich dir helfen?*

Woher ich so genau weiß, dass es nicht so ist? Weil ich das von mir selbst kenne. Verstehen Sie mich nicht falsch: Als wir befreundet waren und ich noch in dem euphorischen Gefühl der Verliebtheit gefangen war, hätte ich alles für Karolyn getan. Wir stritten uns nur selten, denn ich wollte sie ja wirklich glücklich machen. Doch niemand hatte mir gesagt, dass nach ungefähr zwei Jahren dieses Verliebtheitsgefühl verflogen sein würde. Dann traten unsere Unterschiede hervor und ich wechselte wieder in den normalen Modus – das heißt, ich wurde egoistisch. Ich fing an, Forderungen an Karolyn zu stellen. Und so fand ich heraus, dass sie auch egoistisch war. Sie wollte ihren Willen genauso durchsetzen wie ich meinen. Innerhalb weniger Monate geriet unsere Ehe von einem euphorischen in einen verzweifelten Zustand. Ich weiß noch, dass ich dachte: *Ich habe die falsche Frau geheiratet. Das wird nicht gut gehen.*

Was die Sache für mich noch komplizierter machte: Ich studierte Theologie und wollte Pastor werden. Ich sollte also eigentlich ein frommer Mensch sein; in meiner Ehe war ich jedoch alles andere als fromm. Es änderte sich nichts, bis ich völlig verzweifelt war und vor Gott zugeben musste, dass ich nicht wusste, wie ich meine Ehe retten könnte. Als ich Gott bat, es mir zu zeigen, tat er das, jedoch nicht so, wie ich es erwartet hatte. Er erinnerte mich daran, dass ich meine Frau so lieben sollte, „wie Christus seine Gemeinde liebt: Er hat sein Leben für sie gegeben".[20] Ich wusste genau, dass das nicht meiner Einstellung entsprach. Meine Haltung war genau das Gegenteil; ich wollte, dass meine Frau „ihr Leben für mich aufgibt".

> *Wenn zwei Menschen sich aufrichtig darum bemühen, ihr Leben gegenseitig zu bereichern, dann werden beide zu Gewinnern. So ist Ehe gemeint.*

Als ich meine selbstsüchtige Einstellung Gott und später Karolyn gegenüber bekannte und um Vergebung bat, begann sich allmählich alles positiv zu entwickeln. Ich fing an, Karolyn regelmäßig drei Fragen zu stellen: *Wie kann ich dir helfen? Wie kann ich dein Leben einfacher machen? Und wie kann ich dir ein besserer Ehemann sein?* Als ich bereit war, diese drei Fragen zu stellen, war Karolyn bereit, sie mir zu beantworten. Nun bemühte ich mich nach Kräften, alles zu tun, was ich konnte, um ihr Leben schöner zu machen. Nach ungefähr drei Monaten fing Karolyn ebenfalls an, mir diese drei Fragen zu stellen. Wenn zwei Menschen sich aufrichtig darum bemühen, ihr Leben gegenseitig zu bereichern, dann werden beide zu Gewinnern. So ist Ehe gemeint.

Ich bin überzeugt: Wenn Sie beide sich täglich austauschen und einander an Ihren Erfahrungen, Gedanken und Gefühlen teilhaben lassen, indem Sie reden und zuhören – und wenn zu dem Ganzen dann noch die Einstellung dazukommt: *Wie kann ich dir helfen?* –, dann wird sich Ihre Ehe positiv entwickeln. Sollten Sie sich noch nicht täglich Zeit nehmen, um sich auszutauschen, ermutige ich Sie, noch heute damit zu beginnen. Und wenn Sie merken, dass Ihre Einstellung sich ändern muss, dann bekennen Sie Ihren Egoismus vor Gott und vor Ihrem Ehepartner. Ich weiß, dass Gott Ihnen vergeben wird – und ich hoffe, dass Ihr Partner es auch tun wird, vor allem, wenn er oder sie Ihre veränderte Einstellung bemerkt.

> *Liebe ist das Gegenteil von Egoismus.*

Liebe ist das Gegenteil von Egoismus. Die Liebe gibt, der Egoismus fordert. Die Liebe sucht das Wohl des anderen, während der Egoismus nur seine eigenen Bedürfnisse befriedigen will. Zwei egoistische Menschen werden nie eine glückliche Ehe führen. Zwei Liebende aber ganz bestimmt.

Reden Sie nicht emotional aneinander vorbei

Nehmen wir also an, Sie befinden sich nun auf dem Weg der Liebe. Dann möchte ich Sie noch einmal an die fünf Sprachen der Liebe erinnern, die wir in Kapitel 6 besprochen haben. Dort hieß es, dass jedes Kind einen „Liebestank" hat, der von den Eltern regelmäßig gefüllt werden muss. Ich bin sicher, dass auch Erwachsene einen solchen Liebestank haben. Auch wir möchten uns von den wichtigsten Menschen in unserem Leben geliebt fühlen. Wenn wir verheiratet sind, dann ist unser Partner die Person, von der wir uns besonders geliebt fühlen möchten. Doch selbst wenn unsere Liebe ganz aufrichtig ist, kann es passieren, dass wir emotional aneinander „vorbeireden", weil wir verschiedene Sprachen der Liebe sprechen.

Vielleicht bringt er seine Liebe durch Hilfsbereitschaft zum Ausdruck, während ihre Liebessprache die Zweisamkeit ist. Also tut er alles Mögliche, um ihr zu helfen, und ist geschockt, als sie ihm sagt: „Ich fühle mich nicht von dir geliebt." Das Problem besteht darin, dass er seine eigene Liebessprache spricht und nicht ihre.

> *Auch wir möchten uns von den wichtigsten Menschen in unserem Leben geliebt fühlen.*

In den letzten Jahrzehnten habe ich unzähligen Paaren geholfen, die Liebessprache ihres Partners zu entdecken und auf diese Weise das emotionale Klima in ihrer Ehe zu verbessern. Wenn Sie mein Buch *Die fünf Sprachen der Liebe: Wie Kommunikation in der Ehe gelingt* noch nicht kennen, möchte ich Ihnen Mut machen, es gemeinsam zu lesen. Das Buch wurde in fünfzig Sprachen übersetzt und viele Millionen Male verkauft. Ich bin überzeugt, dass es auch Ihre Ehe sehr bereichern wird.

Wenn Sie einander Ihren Egoismus bekennen, um Verzeihung bitten und sich dann gegenseitig Ihre Liebe in der richtigen Sprache zeigen, schaffen Sie in Ihrer Ehe eine positive emotionale Atmosphäre. Das Leben lässt sich viel leichter bewältigen, wenn Sie beide sich vom jeweils anderen geliebt und ermutigt fühlen. Das bedeutet nicht, dass Sie perfekt sein müssen – doch wenn Sie einander lieben, werden Sie sich auch entschuldigen, wenn Sie versagt haben. Ich sage oder tue immer noch manchmal etwas, das meine Frau verletzt, aber

wenn ich merke, dass ich ihr
wehgetan habe, tut es mir
leid. Das führt dazu, dass ich
mich entschuldige und sie
mir hoffentlich vergibt. Wie

Ohne die Bitte um Verzeihung und ohne Vergebung kann sich eine Ehe nicht positiv entwickeln.

gesagt: Ohne die Bitte um Verzeihung und ohne Vergebung
kann sich eine Ehe nicht positiv entwickeln. Glauben Sie nicht,
dass die Zeit alle Wunden heilt, die durch Ihr verletzendes
Verhalten entstanden sind. Heilung geschieht erst, wenn der-
jenige, der einen Fehler gemacht hat, sich entschuldigt und
der andere ihm verzeiht.

Lernen Sie es, Ihre Konflikte zu lösen

Den „Liebestank" gefüllt zu halten und die emotionalen Barrieren durch Entschuldigung und Vergebung zu beseitigen,
sind zwei wichtige Elemente, die zu einer guten Ehe beitragen. Eine weitere wichtige Zutat besteht darin, dass wir lernen,
Konflikte zu lösen. Als Menschen haben wir verschiedene Persönlichkeiten; wir kommen aus verschiedenen Familien, sozialen Schichten, vielleicht sogar Kulturen – und das kann zu
Konflikten führen. Mit „Konflikt" meine ich, dass wir uns über
etwas nicht einig sind und unsere eigene Position stark vertreten. Jedes Paar hat Konflikte. Manche diskutieren und streiten,
andere hören einander zu und suchen nach Lösungen. In den
ersten Jahren meiner Ehe habe ich genug diskutiert und ge-
stritten. Jetzt höre ich lieber zu und finde Lösungen. Ungelöste Konflikte schaffen eine emotionale Distanz zwischen uns,
aber das Lösen von Konflikten führt uns zusammen.

   Doch wie können wir unsere Konflikte auf eine gesunde,
sachliche Weise lösen? Zuerst müssen wir zuhören und uns
bemühen, die Position des anderen zu verstehen, und zwar
nicht nur seine Gedanken, sondern auch seine Gefühle. Versu-

chen Sie, sich in Ihren Partner hineinzuversetzen und die Welt mit seinen Augen zu sehen. Wenn Sie seine Persönlichkeit berücksichtigen und das, was er als Fakten ansieht – können Sie dann verstehen, warum er so denkt, wie er denkt, und so fühlt, wie er fühlt? Das zu versuchen, ist gar nicht so schwer.

Anschließend bringen Sie Ihr Verständnis zum Ausdruck. Das Beste, was Sie sagen können, nachdem Sie Ihrem Gegenüber zugehört haben, ist: „Ich verstehe dich. Das, was du sagst, klingt logisch und nachvollziehbar." (Und in seinen/ihren Augen ist das auf jeden Fall so!) Wenn Sie sich auf diese Weise äußern, sind Sie nicht mehr der Gegner, sondern ein verständnisvoller Freund.

Danach können Sie fortfahren: „Jetzt möchte ich dir gerne sagen, wie ich darüber denke; überleg doch bitte, ob du meine Sicht auch verstehen kannst." Wenn Ihr Partner Ihnen mit dem festen Vorsatz zuhört, Ihre Sichtweise zu verstehen, sagt er/sie vielleicht auch: „Ich verstehe jetzt, wie du zu dieser Ansicht kommst. Also, wie können wir das lösen?" Nun geht es Ihnen eher darum, eine Lösung zu finden, als einen Streit zu gewinnen.

Konflikte können auf dreierlei Weise gelöst werden:

1. Einer von Ihnen schließt sich der Position des anderen an.

2. Sie finden einen Kompromiss irgendwo in der Mitte zwischen Ihren Vorstellungen.

3. Sie einigen sich darauf, dass Sie weiterhin unterschiedlicher Meinung sind und trotzdem Freunde bleiben.

Vielleicht gelingt es Ihnen irgendwann, zu Punkt 1 oder Punkt 2 zu gelangen; bis dahin akzeptieren Sie die Tatsache, dass Sie verschiedene Ansichten haben, und lassen sich davon aber nicht auseinandertreiben.

Manche Schwierigkeiten bleiben ein Leben lang als Unterschiede zwischen uns bestehen, aber sie müssen uns nicht voneinander trennen. Karolyn und ich konnten uns nie darüber einigen, wie man die Spülmaschine richtig belädt, aber wir haben uns auf den Kompromiss verständigt, jeweils die Methode des anderen zu respektieren, ohne uns dabei zu verbiegen. Vielleicht werden Sie sich nie einig darüber, wie man die Zahnpastatube ausdrückt – in der Mitte oder von unten her. Hier wäre ein Kompromiss, dass Sie zwei Tuben kaufen, sodass jeder seine so ausdrücken kann, wie er will. Unterschiede in der Persönlichkeit werden nie verschwinden. Also müssen wir uns einander anpassen. Konzentrieren wir uns auf die positiven Eigenschaften unseres Partners und nehmen wir die Dinge, die uns ärgern, nicht allzu wichtig. Das Leben ist zu kurz, um sich durch solche Unterschiede auseinanderbringen zu lassen.

> *Manche Schwierigkeiten bleiben ein Leben lang als Unterschiede zwischen uns bestehen, aber sie müssen uns nicht voneinander trennen.*

Abgesehen von diesen grundlegenden Hinweisen möchten Shannon und ich Ihnen noch ein paar weitere Empfehlungen geben:

Flirten, Dates und mehr

Flirten Sie mit Ihrem Ehepartner! Das Flirten oder auch der spielerische Umgang miteinander hält Ihre Ehe lebendig. Erinnern Sie sich noch, wie Sie miteinander flirteten, als Sie sich kennenlernten? Wenn ja, dann stellen Sie sich doch einfach vor, Sie würden sich neu miteinander anfreunden.

Verabreden Sie sich zu Dates! In seinem Buch *52 Uncommon Dates*[21] (übersetzt etwa: „52 ungewöhnliche Dates") fordert der Autor Randy Southern Paare dazu auf, sich regelmäßig zu Dates in ihrer Ehe zu verabreden. Und um ihre Kreativität auf diesem Gebiet anzuregen, empfiehlt er 52 ungewöhnliche und bezaubernde Verabredungsideen, die jedes Paar leicht in die Praxis umsetzen kann, wenn es dazu bereit ist. Randy liefert den Paaren also das Was und das Wie; sie müssen nur noch das Wollen dazu beisteuern und die Vorschläge in die Tat umsetzen. Doch egal, ob Sie als Paar dieses oder ein anderes Buch verwenden oder ganz eigene Ideen entwickeln – wenn Sie sich regelmäßig Zeit nehmen für gemeinsame Unternehmungen, hilft Ihnen das, dass Sie sich emotional und körperlich nahebleiben. Sobald Ihr Baby geboren ist, brauchen Sie Familienmitglieder oder Freunde, die sich zuverlässig um Ihr Kind kümmern, damit Sie ein wenig Zeit gemeinsam verbringen können. Solange das Kind noch ein Säugling ist, werden die Dates eher kürzer ausfallen, doch wenn es älter wird, können Sie sich auch wieder mehr Zeit füreinander nehmen.

> *Kleine Berührungen im Tagesablauf, Umarmungen, Küsse und Händchenhalten erinnern uns daran, dass wir einander wertschätzen.*

Werden Sie wieder zärtlich! Kleine Berührungen im Tagesablauf, Umarmungen, Küsse und Händchenhalten erinnern uns daran, dass wir einander wertschätzen. Diese Gesten sind besonders wichtig für Ehepartner, deren Muttersprache der Liebe die Zärtlichkeit ist. Die Berührung vermittelt dem anderen: *Ich möchte dir nahe sein.* Ja, auch die sexuelle Intimität ist ein Dialekt der Zärtlichkeit, doch nicht jede Berührung muss unbedingt in Richtung Schlafzimmer führen. Zwar schweißt ein gesundes Sexualleben Paare emotional zusammen, aber nicht-sexuelle Berührungen sind genauso wichtig für die Entwicklung einer gesunden Ehe.

Fahren Sie weg! Ich weiß, dass viele Paare denken: *Wenn*

das Baby da ist, kommen wir an keinem Wochenende mehr aus dem Haus. Doch im ersten Lebensjahr können Sie Ihr Baby ja mitnehmen. Dann sind Sie zwar nicht einfach nur zu zweit, aber Sie können sich um Ihr Kind kümmern und trotzdem Ihre Beziehung pflegen. Wenn das Kind älter wird, können Sie andere bitten, als Babysitter zu fungieren, während Sie weg sind. Selbst wenn es nur eine einzige Nacht in einem Hotel oder einer Pension ist, kann das für Ihre Ehe Wunder wirken. Einmal gemeinsam weg von zu Hause und dem Alltag zu sein, ist für Ihre Beziehung in jedem Fall wertvoll.

> *Bleiben Sie offen, Neues dazuzulernen.*

Lernen Sie nie aus! Die Ehe ist eine lebenslange Reise. Denken Sie nicht, Sie seien schon angekommen und hätten schon alles erlebt. Bleiben Sie offen, Neues dazuzulernen. Solange wir leben, können und sollen wir lernen. Manches lernen wir aus Erfahrung, vieles aber dadurch, dass wir uns das aneignen, was andere gelernt haben. Ich ermutige Paare immer dazu, zwei Dinge ihr Leben lang zu praktizieren:

1. Lesen Sie jedes Jahr ein Buch über Ehefragen und reden Sie miteinander darüber. Fragen Sie sich nach jedem Kapitel: *Was können wir aus diesem Abschnitt lernen?*

2. Besuchen Sie einmal pro Jahr ein Eheseminar. Das kann eine Wochenendveranstaltung sein, eine kleine Freizeit, ein besonderer Abend für Ehepaare oder ein Kurs, den Ihre Kirchengemeinde oder eine andere Organisation anbietet. Durch solche Veranstaltungen können Sie neue Perspektiven gewinnen und kreative Ideen entwickeln, die Ihre Beziehung festigen und vertiefen.

Geben Sie auf sich selbst acht! Paare mit kleinen Kindern verstricken sich oft so sehr in ihren ausgefüllten Alltag, dass sie kaum noch Zeit haben, sich um sich selbst zu kümmern. Dass wir körperlich, seelisch und geistlich gesund sind, ist jedoch nicht nur für uns selbst wichtig, sondern auch für unsere Ehe. Fragen wir uns also: *Was sind meine Bedürfnisse? Wo muss ich mehr auf mich achten? Welche Unterstützung gibt es für mich hier in meiner Umgebung?* Vielleicht engagieren Sie regelmäßig einen Babysitter oder die Großeltern zur Kinderbetreuung, während Sie einzeln oder gemeinsam als Paar Sport machen. Manche Fitnessstudios bieten sogar Kinderbetreuung an. Oder Sie nutzen ein wenig freie Zeit, um regelmäßig einem Hobby nachzugehen oder einen Kurs an der Volkshochschule zu belegen.

Geben Sie auf sich selbst acht!

Natürlich kann ein Paar auf jeden dieser Vorschläge mit „Ja, aber" antworten. Wenn Sie als Paar jedoch eine Beziehung führen wollen, die sich immer weiter vertieft und positiv entwickelt, dann sollten Sie nach Möglichkeiten suchen oder sie selber schaffen und nutzen – auch und gerade dann, wenn kleine Kinder da sind. Wenn wir aktiv werden und nach Möglichkeiten Ausschau halten, um etwas für unsere Ehe zu tun, haben wir mehr Einfluss auf unsere Partnerschaft, als wenn wir nur „auf Autopilot" fliegen und versuchen, lediglich irgendwie zu überleben. Dann werden wir auch besser mit den Herausforderungen fertig, die mit der Zeit entstehen, und wir verbessern unsere Aussichten auf eine glückliche, gesunde Ehe. Paare, die sich um eine positive Weiterentwicklung ihrer Ehe bemühen, werden auf diese Weise auch bessere Eltern.

Wenn Sie sich dazu entscheiden, Ihrer Ehe Priorität einzuräumen, erweisen Sie Ihrem Kind damit einen großen Dienst. Letztendlich ist für unsere Elternrolle nichts wichtiger, als unserem Kind das Vorbild einer Mutter und eines Vaters zu geben, die einander lieben, ermutigen und unterstützen; die ihre Konflikte auf positive Weise lösen und die sich entschuldigen und einander vergeben, wenn sie versagt haben. Ich hoffe, dass die Gedanken, die wir in diesem Kapitel dargelegt haben, Ihnen helfen werden, eine solche Ehe aufzubauen.

Jetzt mal ehrlich

Fragen zum Nachdenken und Diskutieren

1. Machen Sie sich gemeinsam Gedanken darüber, wie Sie Ihre Partnerschaft auch nach der Geburt des Babys lebendig erhalten können. Ich hoffe, Sie landen am Ende bei dem Entschluss: *Wir wollen einen Weg finden, wie unsere Ehe gestärkt werden kann, während wir ein Kind großziehen.* Besiegeln Sie Ihren Entschluss mit einer Umarmung und einem Kuss.

2. Wenn es in Ihrer Beziehung ungelöste Probleme gibt, möchte ich Ihnen Mut machen, bereits jetzt, bevor Ihr Kind geboren wird, eine Eheberatung, ein seelsorgerliches Gespräch oder den Rat guter Freunde in Anspruch zu nehmen. Es ist jetzt noch einfacher als nach der Geburt Ihres Kindes.

3. Richten Sie eine tägliche Zeit des Austausches ein. Erzählen Sie einander von mindestens zwei Ereignissen, die sich an diesem Tag in Ihrem Leben zugetragen haben, und äußern Sie Ihre Gedanken und Gefühle dazu. Bemühen Sie sich darum, einander zu verstehen und sich in den anderen hineinzuversetzen.

4. Gewöhnen Sie sich an, einander täglich zu fragen: „Wie kann ich dir helfen?"

5. Entdecken Sie die persönliche Liebessprache Ihres Mannes/Ihrer Frau und kommunizieren Sie regelmäßig in dieser Sprache. Informieren Sie sich weiter über die fünf Sprachen der Liebe.

6. Wenn Sie erkennen, dass Sie nicht liebevoll miteinander umgegangen sind, entschuldigen Sie sich und bitten Sie um Verzeihung. Lesen Sie dazu Kapitel 8 gegebenenfalls noch einmal.

7. Suchen Sie nach Lösungen für Konflikte in Ihrer Partnerschaft, indem Sie sagen: „Ich weiß, wir haben hier verschiedene Ansichten, also warum setzen wir uns nicht hin und hören einander zu. Willst du anfangen? Oder soll ich?" Konzentrieren Sie sich darauf, die Position des anderen zu verstehen. Bestätigen Sie das: „Ich glaube, ich verstehe, was du meinst." Dann legen Sie Ihre Sicht der Dinge dar. Auf diese Weise können Sie einen Kompromiss bzw. eine Lösung erreichen.

8. Welche der folgenden Vorschläge möchten Sie am liebsten umsetzen, wenn Sie Eltern geworden sind? Bewerten Sie jeden auf einer Skala von 0-10 und besprechen Sie Ihre Antworten miteinander.

____ Flirten
____ Zum Date verabreden
____ Zärtlich werden
____ Wegfahren
____ Weiterlernen
____ Auf sich achtgeben

Wenn ich das nur gewusst hätte ...

Kinder schenken uns unglaublich viel Freude!

Für mich ist Freude mehr als nur ein vergängliches Gefühl. Sie ist eher eine tiefe, unterschwellige Zufriedenheit mit dem, wie wir uns in unserem Leben einbringen. Ein Beruf, der den eigenen Fähigkeiten und Gaben entspricht, kann eine Quelle der Freude sein. Eine gute Ehe kann viel Freude bereiten (siehe das vorige Kapitel). Die Beziehungen zu den Eltern und Verwandten können Freude schenken, wenn es gesunde Beziehungen sind. Verschiedene Freizeitaktivitäten oder soziales Engagement können ebenfalls Freude in uns hervorrufen, wenn wir sie mit einer gesunden Grundeinstellung angehen. Doch es gibt kaum etwas, das uns mehr Freude bereitet als der Einsatz für unsere Kinder.

In den bisherigen Kapiteln haben wir über schlaflose Nächte, nasse Windeln, Topftraining, Krankheiten, den ständigen Hausputz, volle Terminkalender und die Trotzphase nachgedacht. Doch in diesem Kapitel möchte ich mich der Freude widmen, die in all diesen kräftezehrenden Herausforderungen des Elternseins verborgen ist. Ja, Kinder zu erziehen erfordert Zeit, Kraft, Geld und viel Einsatz, aber die Freude überwiegt die Belastungen, die wir unterwegs tragen müssen, bei Weitem.

Der erste Anblick unseres neugeborenen Babys kann sowohl erschreckend als auch überwältigend sein. Erschreckend, weil wir uns nur unzureichend vorbereitet fühlen, und überwältigend, weil dieser kleine Mensch unser Baby ist. Gemeinsam haben wir dieses neue Wesen hervorgebracht. In diesem Kind steckt ein grenzenloses Potenzial, das sich noch entwickeln wird. Und wir als Eltern haben das Vorrecht und die Chance, ihm beizubringen, wie es dieses Potenzial ausschöpfen kann. Was kann spannender und herausfordernder sein?

> *Kinder zu erziehen erfordert Zeit, Kraft, Geld und viel Einsatz, aber die Freude überwiegt die Belastungen, die wir unterwegs tragen müssen, bei Weitem.*

Als Vater empfinde ich große Freude, wenn ich sehe, wie meine beiden erwachsenen Kinder sich dafür einsetzen, Gott zu dienen und in der Welt Gutes zu bewirken. Die gute Nachricht ist jedoch, dass wir nicht erst warten müssen, bis sie wohlerzogene Erwachsene sind, um diese Freude zu erleben. Egal, wie alt die Kinder der Eltern sind, die Sie befragen – alle werden Ihnen erzählen, wie wunderbar es für sie war, ihr Baby im Arm zu halten, mit ihm zu schmusen und ihm all diese verrückten Dinge ins Ohr zu flüstern, die es überhaupt nicht verstand. Sie werden Ihnen auch sagen, wie schön es war, ihr Kind in den Schlaf zu wiegen, es an der Hand zu halten, während es seine ersten Schritte unternahm, und die neugierigen

Fragen ihres Drei- oder Vierjährigen zu beantworten. Sie wissen noch genau, wie sie am ersten Schultag weinten oder wie sie jubelten, als ihr Kind für seine Mannschaft ein Tor schoss.

Diese schönen Erinnerungen schenken den Eltern weiterhin tiefe Freude, auch wenn ihre Kinder sich schon auf das Erwachsenenalter zubewegen. Im Rückblick merken wir, wie schnell die Entwicklungsjahre eines Kindes vorübergehen – oder anders ausgedrückt: „Es waren lange Tage und kurze Jahre." Die langen Tage sind schnell vergessen, aber an die kurzen Jahre erinnert man sich noch lange Zeit.

Uns allen ist bewusst, dass die Kindheit nicht ewig dauert. Doch wie können sich die Eltern kleiner Kinder auf die vielen Freuden der Kindererziehung konzentrieren und diese feiern, statt sich von den damit verbundenen Pflichten erdrücken zu lassen? Das ist die Frage, der Shannon und ich in diesem Kapitel gerne nachgehen möchten.

Wie geht es Ihnen selbst?

Zunächst eine wichtige Feststellung: Ihre eigene seelische und geistliche Gesundheit ist der entscheidende Faktor, wenn Sie an Ihrer Aufgabe als Eltern Freude haben möchten. Wenn Sie mit sich selbst, Ihrem Ehepartner und Gott nicht im Reinen sind, dann sehen Sie in Ihrer Elternrolle eher eine Last als eine Freude.

Woran erkennen wir aber, ob wir in dieser Hinsicht gesund sind? Einen der besten Maßstäbe, um das herauszufinden, habe ich in dem gefunden, was einer der frühen Kirchenleiter im ersten Jahrhundert geschrieben hat. Er zeigt auf, dass bei einem gesunden Menschen neun Eigenschaften zu finden sind: Liebe, Freude, Frieden, Geduld, Freundlichkeit, Güte, Treue, Nachsicht und Selbstbeherrschung.[22] In meiner Beratungspraxis hat sich dies als gutes Mittel zur Diagnose erwiesen. In dem Maße, wie ich ein wahrhaft liebevoller Mensch bin, in dem Maße bin ich auch gesund. Das bedeutet: Ich bemühe mich aufrichtig um andere; ich besitze eine tiefe Zufriedenheit mit dem, wie ich mich in meinem Leben einbringe; ich lebe im Frieden mit mir selbst, mit Gott und anderen Menschen; ich lebe Geduld, Freundlichkeit und Güte in meinen Beziehungen; ich bin treu und beständig; ich übe Nachsicht mit anderen Menschen; ich habe meine Gefühle unter Kontrolle und lasse mich nicht durch sie bestimmen.

Ihre eigene seelische und geistliche Gesundheit ist der entscheidende Faktor, wenn Sie an Ihrer Aufgabe als Eltern Freude haben möchten.

Ich möchte Sie herausfordern, dies ebenfalls zum Maßstab für Ihre seelische und geistliche Gesundheit zu machen. Wenn Sie hier in einigen Bereichen die Notwendigkeit zur Veränderung sehen, dann wäre jetzt der geeignete Zeitpunkt, ein Buch zu diesem Thema zu lesen, mit einem Freund oder einer Freundin zu sprechen, eine therapeutische oder seelsorgerliche Beratung in Anspruch zu nehmen, einen Kurs zu besuchen, sich einer christlichen Gemeinde anzuschließen, die Bibel zu lesen und zu beten. Gott möchte uns befähigen, zu einem wirklich ganz gesunden Menschen zu werden. Wenn Sie ein solcher Mensch sind, dann ist die Wahrscheinlichkeit für Sie größer, auf Ihrem Weg des Elternseins wahre Freude zu erleben.

Wir erleben Freude, wenn wir unsere Kinder beim Lernen beobachten

Eine der großen Freuden des Lebens ist das Lernen. Ich weiß noch, wie ich als Kind entdeckte, wie spannend das Bücherlesen ist. Es war ein unglaubliches Abenteuer, eine ganz neue

Welt schien sich mir zu eröffnen! Das brachte mir große Befriedigung (Freude). Als Eltern können wir diese Freude auch finden, wenn wir unsere Kinder beim Lernen beobachten.

Wie bereits beschrieben, beginnt der Lernprozess für ein Kind, lange bevor es in die Schule kommt. Jeder Schritt, mit dem Kinder grundlegende motorische Fähigkeiten lernen, ist für die Eltern eine große Freude.

Ein Vater schwärmt begeistert: „Schau doch mal, er hat sich gerade allein umgedreht! Eben lag er auf dem Rücken und jetzt liegt er auf dem Bauch." Schon beim Lesen dieser Worte spürt man die Freude des Vaters. Dann geht es mit dem Krabbeln los: „Sieh mal hin, schnell – er krabbelt!"

Ich weiß noch, welche Aufregung und Freude es war, als unsere Kinder ihre ersten Schritte wagten. Sie hielten sich an der Couch fest. Ich entfernte mich ein kleines Stück von ihnen und lockte sie: „Komm doch! Du kannst das! Na los."

Dann versuchten sie einen unsicheren halben Schritt. Sie fielen hin und ich ermunterte sie: „Ja, versuch es noch einmal!" Ich brachte sie zur Couch zurück und wiederholte meine Aufforderung. Ein Schritt, zwei Schritte, drei Schritte – und kurz darauf konnten sie laufen. Jeder Schritt bereitete mir Freude, als ich ihnen beim Lernen zusah.

Doch nicht nur das Erlernen motorischer Fähigkeiten macht Freude, sondern auch das Beherrschen sozialer Kompetenzen, wie in Kapitel 9 besprochen. Wenn wir unser Kind „Bitte" und „Danke" sagen hören, ohne dass es dazu aufgefordert wurde, dann macht uns das Freude. Ja, sicher, die Aufforderung war auch nötig und musste häufiger wiederholt werden, als wir es geplant hatten – aber jetzt hat unser Kind es verstanden. Vielleicht müssen wir es hin und wieder daran erinnern, aber es ist auf dem Weg, wichtige soziale Fähigkeiten zu erlernen, die seine Beziehungen bereichern werden. Als Eltern können wir uns entspannt zurücklehnen und den Augenblick genießen. Wir und unser Kind machen Fortschritte.

Später kommen dann die schulischen Fortschritte dazu und auch diese bereiten uns Eltern viel Freude. Wenn unsere Kinder lesen lernen, stehen wir lächelnd daneben und beobachten sie. Jahrelang haben wir ihnen Bücher vorgelesen, jetzt lesen sie uns etwas vor. Der Prozess dauert vermutlich eine Weile, aber irgendwann lesen sie selber Bücher und erzählen uns, was sie daraus gelernt haben. Dann sagen wir zueinander: „Ich bin so froh, dass unsere Kinder gern lesen." Denn wir wissen: Wenn Kinder sich mit Büchern beschäftigen, erweitert sich ihre Welt immer mehr – und auch das freut uns sehr.

> *Es macht wirklich große Freude, unseren Kindern zuzusehen, wie sie die Fähigkeiten und Einstellungen lernen, die sie später einmal zu verantwortungsbewussten Erwachsenen werden lassen.*

Wenn wir sehen, wie unsere Kinder ohne ständiges Ermahnen ihre Hausaufgaben und ihre familiären Verpflichtungen erledigen, bevor sie spielen gehen, erfüllt uns auch das mit tiefer Befriedigung. Wir wissen: Es ist für unsere Kinder wichtig, dass sie lernen, Prioritäten zu setzen – also die wichtigsten Dinge zuerst zu tun –, denn das wird für ihre Beziehungen einmal sehr hilfreich sein, wenn sie erwachsen sind.

Ja, es macht wirklich große Freude, unseren Kindern zuzusehen, wie sie die Fähigkeiten und Einstellungen lernen, die sie später einmal zu verantwortungsbewussten Erwachsenen werden lassen. Wenn wir Eltern uns das immer wieder bewusst machen, fällt es uns leichter, die Zeit und die ungezählten Wiederholungen, die das Lernen erfordert, zu investieren. Wir können zuversichtlich sein, dass unsere Bemühungen von dauerhaftem Erfolg sein werden. Diese Einstellung lässt uns aufatmen und hilft uns, die vielen Freuden bewusst wahrzunehmen, die der Lernprozess unseres Kindes mit sich bringt. Wenn wir den Lernprozess unseres Kindes genießen können, entdecken wir manchmal auch für uns selbst wieder die Freude am Lernen. Während wir unseren Kindern Bücher vorlesen, erinnern wir uns an das, was wir selbst als Kinder gelernt haben. Es gibt viele Kinderbücher, die nicht nur für Kinder, sondern auch für Erwachsene interessant und informativ sind. Womöglich haben sich Ihre eigenen Eltern früher nie Zeit genommen, Ihnen etwas vorzulesen. Doch jetzt, wenn Sie Ihren eigenen Kindern vorlesen, entdecken Sie die Freude an dieser Aktivität. Auch aus Fernsehsendungen, die Sie gemeinsam mit Ihren Kindern anschauen, können Sie bestimmt genauso viel lernen wie Ihr Kind, vielleicht sogar mehr. Fragen Sie sich einfach: *Was können wir aus dieser Sendung lernen?* Kinder großzuziehen motiviert viele Eltern dazu, selbst wieder in einen Lernprozess einzutreten. Schließlich sind wir nie zu alt, um etwas dazuzulernen.

Versuchen Sie, schöne Erlebnisse zu schaffen

Freude lässt sich auch dadurch erleben, dass wir unseren Kindern schöne Erfahrungen ermöglichen. Ich gehe davon aus, dass sich die meisten Eltern wünschen, dass ihr Zuhause ein angenehmer Ort ist, ein sicherer Hafen, der vor den Belastungen der Außenwelt schützt. Das wünschen wir uns für uns selbst und auch für unsere Kinder. Wir können dies Wirklichkeit werden lassen, indem wir uns zum Beispiel diese Frage stellen: *Woran sollen sich unsere Kinder als Erwachsene gerne erinnern, wenn sie an ihre Kindheit zurückdenken?*

Falls Sie sich diese Frage einmal selbst stellen, dann wandern Ihre Gedanken bestimmt zurück in Ihre eigene Kindheit, vor allem wenn Sie eine schöne Kindheit hatten. Vielleicht denken Sie daran, wie Ihre Eltern Ihnen jeden Abend vor dem Schlafengehen Geschichten vorgelesen und mit Ihnen gebetet haben; wie sie bei jedem Fußballspiel dabei waren, bei dem

Sie mitgespielt haben; wie sie Sie zu jedem Schulfest und jeder Schulaufführung begleitet haben. Vielleicht haben sie Ihnen Klavierspielen beigebracht oder den Umgang mit Säge und Hobel oder das Nähen. Welche positiven Erinnerungen haben Sie an Ihre Kindheit und was würden Sie gern für Ihre Kinder oder mit ihnen zusammen tun?

Natürlich sind wir nicht alle in einem guten, glücklichen Zuhause aufgewachsen. Manche von uns wuchsen mit Angst auf, in einem Haus, das mit harten, verletzenden Worten und unvorhersehbaren Wutausbrüchen erfüllt war. Wenn Sie keine positiven Kindheitserinnerungen haben, dann ist es an der Zeit, kreativ zu werden. Denken Sie gemeinsam mit Ihrem Partner darüber nach, welche Erinnerungen Ihre Kinder in ihr Erwachsenenleben mitnehmen sollen. Was sagen sie später hoffentlich einmal über ihre Familie, wenn sie erwachsen sind?

> *Welche positiven Erinnerungen haben Sie an Ihre Kindheit und was würden Sie gern für Ihre Kinder oder mit ihnen zusammen tun?*

Hier sind ein paar positive Erlebnisse, die Shannon und ich von Erwachsenen in unseren Gesprächen gehört haben: „Meine Eltern nahmen sich immer Zeit für mich." – „Wir haben zusammen Bücher gelesen." – „Wir haben alles Mögliche zusammen gebaut." – „Wir haben draußen gespielt." – „Wir haben immer vor dem Essen gebetet." – „Wir haben viel gelacht." – „Wir sind jeden Sonntag in den Gottesdienst gegangen." – „Wir haben zusammen gesungen." Vielleicht ist darunter etwas, das auch Sie Ihren Kindern gern als Erinnerung hinterlassen würden.

Meine eigenen beiden Kinder sind bereits erwachsen und verheiratet. Wenn sie über ihre Kindheit nachdenken, so erzählen sie mir, dann erinnern sie sich am liebsten an unsere gemeinsamen Mahlzeiten. Als unser erstes Kind alt genug war, um am Tisch zu essen, beschloss Karolyn, jeden Morgen ein warmes Frühstück für die Familie zuzubereiten. Dazu muss man wissen, dass Karolyn eigentlich kein Morgenmensch ist. Darum bedeutete dieser Entschluss ein echtes Opfer für sie und sie hielt durch, bis unser Sohn zum College ging. Ich erklärte mich bereit, jeden Morgen etwas aus der Bibel vorzulesen und ein Gebet zu sprechen, während wir am Tisch saßen. Als die Kinder älter wurden, durften sie auch beten, wenn sie wollten. Manchmal taten wir das, bevor Karolyn das Essen auftrug, manchmal hinterher. Es war immer kurz, aber es wirkte sich aus, wie ich hoffte.

Als die Kinder alt genug waren, um an unseren Gesprächen teilzunehmen, nutzten wir das gemeinsame Abendessen, um uns über das auszutauschen, was tagsüber passiert war. Wir lobten die Kinder, ermutigten sie und stellten infrage, was sich weniger gut anhörte. Auch Karolyn und ich erzählten sowohl von unseren Erfolgen als auch von unseren Fehlern. Dieses Ritual behielten wir bei, bis unsere Kinder ihren Schulabschluss hatten. (Manchmal mussten wir die Mahlzeiten nach hinten oder vorne verschieben, weil unser Sohn Basketball spielte.) Wir waren der Meinung, dass unsere gemeinsamen Mahlzeiten am Abend eine wichtige Chance boten, miteinander in Kontakt zu bleiben. Je größer unsere Kinder wurden, umso mehr erweiterten und vertieften sich unsere Themenbereiche.

Beide Kinder sagen im Rückblick, dass unsere gemeinsamen Mahlzeiten am Morgen und am Abend zu ihren schönsten Erinnerungen gehören. Auch wenn sie Schulfreunde mit nach Hause brachten, behielten wir unsere Gespräche am Esstisch bei. Viele ihrer Freunde wunderten sich, dass es tatsächlich Familien gab, die miteinander redeten.

Jetzt ist der richtige Zeitpunkt, an dem Sie als Eltern die Entscheidung treffen, wie Sie Ihr Zuhause zu einem positiven Erlebnis für Ihre Kinder machen können. Ich weiß, es gibt immer sehr viel zu tun ... aber was könnte wichtiger sein, als Ihr

Kind dabei zu unterstützen, seinen Weg im Leben zu finden, damit es eines Tages einen einzigartigen und wichtigen Beitrag für unsere Gesellschaft leistet und seine eigenen familiären Beziehungen gut gestalten kann?

Weder Shannon noch ich haben in unserer Beratungspraxis jemals Eltern sagen hören: „Ich wünschte, ich hätte mein Haus öfter geputzt, als meine Kinder noch klein waren." – „Ich wünschte, ich hätte mehr gearbeitet." – „Ich wünschte, wir hätten weniger Zeit gemeinsam verbracht."

Jetzt ist der richtige Zeitpunkt, an dem Sie als Eltern die Entscheidung treffen, wie Sie Ihr Zuhause zu einem positiven Erlebnis für Ihre Kinder machen können.

Nein! Eltern sagen genau das Gegenteil. Sie wünschten, sie hätten die zeitliche Priorität bei ihren Kindern gesetzt und hätten mehr Schönes mit ihnen unternommen.

Erst im Rückblick erkennen wir manchmal, was wir als junge Eltern besser anders gemacht hätten. Die Kindheit geht schnell vorüber, darum sollten wir uns lieber früher als später Gedanken darüber machen, was bei unserer Erziehung am Ende herauskommen soll. Das kann uns dabei helfen, eine schöne Beziehung zu unseren Kindern bewusst aufzubauen.

Spielen Sie mit Ihren Kindern

Eine weitere große Quelle der Freude für Eltern ist das Spielen mit ihren Kindern. Spielen ist für Kinder etwas ganz Selbstverständliches. Durch das Spiel bringen sie ihre Persönlichkeit zum Ausdruck, erforschen ihre Umwelt, lösen Probleme, nehmen Kontakt zu anderen auf und erwerben wichtige Fähigkeiten für ihr Leben. Darum ist das gemeinsame Spiel für Eltern eine wunderbare Gelegenheit, um mit ihren Kindern in Verbindung zu bleiben, sie zu verstehen und zu fördern. Wenn sie das tun, finden sie dabei selbst große Freude.

Das Problem besteht für uns Eltern darin, Zeit zu finden, weil wir mit so vielen anderen Pflichten und Interessen beschäftigt sind. Auch hier lautet das Schlüsselwort: *Prioritäten setzen*. Das Spiel ist eine der wichtigsten Quellen der Freude für Ihr Kind. Warum heute das verschieben, was wir vielleicht morgen nicht mehr tun können? Oder warum heute das verschieben, was wir in ein paar Jahren nicht mehr tun können? Gehen Sie nicht das Risiko ein, später bedauernd und voller Reue zurückblicken zu müssen. Nehmen Sie sich jetzt die Zeit, um mit Ihren Kindern zu spielen.

Wenn wir Erwachsenen uns ganz auf das Spiel einlassen, erinnern wir uns vielleicht wieder, wie viel Spaß das macht. Kinder liefern endlos viele Ideen, was man alles spielen könnte: sich verkleiden, zum Kaffeekränzchen bitten, sich als Piraten einen Schwertkampf liefern, mit Matchbox-Autos Rennen veranstalten, Bauklötze zu Türmen aufstapeln, eine Burg bauen, eine Schneeballschlacht austragen, Brettspiele oder Videospiele machen, mit Lego bauen, ein musikalisches Duett singen, tanzen, ein Comedy-Programm aufführen. Außerdem kann man in der Einfahrt Basketball spielen und im Garten Fußball, Fangen oder Verstecken. Durch diese und viele andere Aktivitäten laden unsere Kinder uns zum Spielen ein und nehmen unsere Einladung wiederum gerne an. Wenn wir Eltern und Kinder auf lustige und kreative Weise miteinander umgehen, erleben wir gemeinsam Momente voller Freude und wachsen enger zusammen. Tatsächlich können diese gemeinsamen Zeiten des Spielens und der Freizeitbeschäftigung später zu den schönsten Kindheitserinnerungen werden.

> *Wenn wir Eltern und Kinder auf lustige und kreative Weise miteinander umgehen, erleben wir gemeinsam Momente voller Freude und wachsen enger zusammen.*

Freude finden wir jedoch nicht nur, wenn wir mit unseren Kindern gemeinsam spielen, sondern auch, wenn wir sie beim Spielen mit anderen Kindern beobachten. Ob bei einer Sportveranstaltung oder beim Spiel mit den Nachbarskindern im Garten – wenn wir sehen, dass unser Kind sich fair verhält und auch noch Spaß dabei hat, dann erfüllt uns das ebenfalls mit großer Freude.

Allerdings möchte ich an dieser Stelle auch eine Warnung weitergeben, was den Sport betrifft: Nehmen Sie einen Wettkampf nicht zu ernst. Ich habe schon viele Eltern erlebt, die auf ihr Kind oder den Trainer wütend wurden und sich selbst sehr unfair verhielten. Das raubt dem Sport allen Spaß. Besser ist es, die Tatsache zu akzeptieren, dass es nicht immer so läuft, wie wir uns das wünschen. Loben Sie Ihr Kind für seine Bemühungen und helfen Sie ihm durch Ihr eigenes Vorbild, die Autorität des Trainers zu respektieren, auch wenn man nicht mit allen Entscheidungen einverstanden ist.

Lernen Sie es, Ihre Anerkennung zum Ausdruck zu bringen

Wenn Sie Zeit mit Ihrem Kind verbringen und das genießen, dann halten Sie nach Gelegenheiten Ausschau, bei denen Sie ihm gegenüber Ihre Anerkennung zum Ausdruck bringen können. Wenn Sie nicht in einem Zuhause aufgewachsen sind, wo man sich gegenseitig unterstützte, sollten Sie sich trotzdem nicht davon abhalten lassen, Ihrem Kind das zu geben, was Sie selbst nicht empfangen haben. Aus einem negativen Vorbild kann man genauso etwas lernen wie aus dem positiven Beispiel. Fragen Sie sich: *Was haben meine Eltern getan oder versäumt zu tun, das ich anders machen will?*

Und wenn Sie bei liebevollen, fürsorglichen Eltern aufgewachsen sind, die Sie unterstützt haben, fragen Sie sich: *Was*

haben meine Eltern getan, das ich auch gerne tun möchte? Und wie
gelingt es mir, ihrem Beispiel zu folgen?

Kinder sehnen sich nach der Anerkennung ihrer Eltern und
haben diese auch verdient. Durch unsere ermutigenden Worte
erleben sie tiefe Freude und Bestätigung. Damit will ich nicht
sagen, dass wir unsere Kinder nicht tadeln dürfen, wenn sie
sich schlecht benehmen. Wie wichtig es ist, Kindern Konsequenzen aufzuzeigen, haben wir in Kapitel 5 erörtert. Jedoch
sollte dies immer in Liebe geschehen, nie aus der Wut heraus.
Wenn Kinder sich geliebt und bestätigt fühlen, ist die Wahrscheinlichkeit viel größer, dass sie ihren Eltern Freude machen
werden. Wenn Eltern jedoch
harte und verurteilende Worte gebrauchen, fühlen Kinder
sich ungeliebt und abgelehnt
und ihr Verhalten wird den
Eltern mit Sicherheit nicht
viel Freude bereiten. Darum
muss ich in diesem Kapitel,

> *Wenn Sie auf die Freude schauen,*
> *die Kinder uns bringen, und wenn*
> *Sie aus jedem Tag das Beste ma-*
> *chen, dann wird die Freude Ihr*
> *ständiger Begleiter sein.*

das eigentlich „Kinder schenken uns unglaublich viel Freude"
heißt, auch offen zugeben, dass Kinder uns auch viel Schmerz
bereiten können.

Schon etliche Eltern saßen bei Shannon oder bei mir im Be-
ratungszimmer und waren tief betrübt über die Entscheidungen und das Verhalten ihres Sohnes oder ihrer Tochter. Sie
blickten zurück auf die kurzen Jahre der Kindheit und klag-
ten: „Wenn wir doch nur die Uhr zurückdrehen könnten! Wir
würden so vieles anders machen." Shannon und ich hoffen,
dass dieses Kapitel Ihnen hilft, später nicht so viel bereuen zu
müssen. Wenn Sie sich an Ihren Kindern freuen, stehen die
Chancen gut, dass diese sich freuen, Ihre Kinder zu sein, und
dass sie Ihnen viel Freude bereiten werden.

Wenn Sie nur auf die Probleme und Belastungen Ihres El-
terndaseins schauen, dann werden Sie nicht viel Freude ver-

spüren. Aber wenn Sie auf die Freude schauen, die Kinder uns bringen, und wenn Sie aus jedem Tag das Beste machen, dann wird die Freude Ihr ständiger Begleiter sein.

Jetzt mal ehrlich

Fragen zum Nachdenken und Diskutieren

1. Haben Sie Ihren Eltern Freude gemacht, als Sie noch ein Kind waren?

2. Haben Sie Ihren Eltern Schmerz bereitet?

3. Wie wirkt sich Ihrer Meinung nach Ihre Kindheit auf Ihr eigenes Verhalten als Mutter bzw. Vater aus?

4. In welcher Hinsicht möchten Sie sich Ihre Eltern zum Vorbild nehmen?

5. Was möchten Sie anders machen als Ihre Eltern?

6. Welche Bücher haben Sie als Kind gelesen? Welche Bücher möchten Sie Ihrem Kind vorlesen?

7. Welche Spiele haben Sie am liebsten mit Ihren Eltern, Geschwistern oder Freunden gespielt? Können Sie sich vorstellen, diese auch mit Ihren Kindern zu spielen?

8. Wie schätzen Sie Ihre eigene seelische und geistliche Gesundheit ein? Ordnen Sie sich bei den folgenden Eigenschaften auf einer Skala von 0-10 ein:

____ Liebe
____ Freude
____ Frieden
____ Geduld
____ Freundlichkeit
____ Güte
____ Treue
____ Nachsicht
____ Selbstbeherrschung

Was können Sie tun, um diese Eigenschaften in Ihrem Leben zu fördern, während Sie sich auf Ihre Elternrolle vorbereiten?

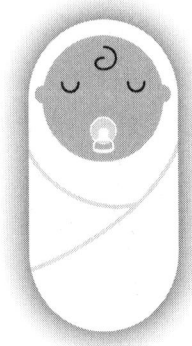

Nachwort

Die meisten Menschen würden wahrscheinlich der Aussage zustimmen, dass die Familie die Grundeinheit der menschlichen Gesellschaft ist. Wie bereits erwähnt, umfasst meine Ausbildung auch einen Bachelor- und Masterabschluss in Kulturanthropologie. Es ist eine universale Tatsache, dass die Familie – Mutter, Vater, Kinder – als der Grundstein *jeder* Gesellschaft betrachtet wird. Jede Kultur mag zwar eine unterschiedliche Sprache und verschiedene soziale Strukturen besitzen, aber die Familie ist die eine gesellschaftliche Einheit, die alle Kulturen vereinigt.

Wenn eine Familie intakt ist, können die Kinder zu verantwortungsbewussten Erwachsenen heranwachsen. Wenn das nicht der Fall ist, besteht die Gefahr, dass die Kinder mit vielen inneren Kämpfen heranwachsen und als Erwachsene möglicherweise Schwierigkeiten haben, selbst gesunde Beziehungen aufzubauen. Weil ich selbst Vater bin, gibt es für mich kaum etwas Schmerzhafteres, als Kinder heranwachsen zu sehen, die auf das Erwachsenenleben schlecht vorbereitet sind. Darum habe ich mein Leben der Beratung von Paaren und Eltern gewidmet. Ich möchte ihnen helfen, gesunde Beziehungen aufzubauen und verantwortungsbewusste Eltern zu werden.

Dieses Buch ist eine weitere Bemühung meinerseits auf diesem Gebiet. Gemeinsam mit Dr. Shannon Warden möchte ich den Eltern dieser Generation einige der Erfahrungen und Erkenntnisse weitergeben, die ich mir als Vater, Eheberater und lebenslang Lernender in Sachen Ehe und Familie angeeignet habe. Ich habe mich bemüht, ein realistisches Bild von den Herausforderungen und Belastungen des Elternseins zu zeichnen und praktische Ideen zu vermitteln, wie man in unserer sich so schnell verändernden Gesellschaft ein positives Familienklima schaffen kann.

Ich wünschte, jemand hätte mir all diese Einsichten vermittelt, bevor ich selbst Vater wurde. Meine Frau Karolyn und ich sind uns einig, dass wir bessere Eltern gewesen wären, wenn wir all das schon damals gewusst hätten. Vieles davon lernten wir mit der Zeit, allerdings auf die harte Tour – durch Erfahrung. Meine Hoffnung ist es, dass Paare, die dieses Buch lesen, *bevor* ihr Baby zur Welt kommt, viel besser vorbereitet sind, als wir es waren.

Ich hoffe auch, dass dieses Buch für Eltern zu einem praktischen Nachschlagewerk wird, während ihr Kind die verschiedenen Phasen seiner körperlichen, geistigen, seelischen, sozialen und geistlichen Entwicklung durchläuft. Das heißt, ich wünsche es mir, dass das Buch nicht nur einmal durchgelesen, sondern auf dem Weg des Elternseins immer wieder zur Hand genommen wird.

Shannon hat eine Liste mit Vereinbarungen aufgestellt, die Stephen und sie getroffen haben und die ihnen ihre Aufgabe als Eltern erleichtert haben. Vieles davon werden Sie wiedererkennen, denn die Liste nimmt einige Gedanken aus dem Buch wieder auf:

- Wir rechnen damit und akzeptieren es, dass unsere Kinder viel von unserer Zeit beanspruchen.
- Wir erinnern uns immer wieder daran, dass wir uns jedes dieser kostbaren Kinder sehnsüchtig gewünscht haben.
- Wir vertrauen darauf, dass Gott uns die Zeit gibt, die wir brauchen, um all das zu erledigen, was wir erledigen müssen.
- Wir stellen unsere Kinder und ihr Wohlergehen über unsere persönlichen und beruflichen Interessen.
- Wir bitten andere, denen wir vertrauen, um Hilfe bei der Kinderbetreuung (zum Beispiel unsere Eltern).
- Wir spielen oft mit den Kindern, denn wir wissen, dass sie nicht immer klein sein werden.
- Wir berücksichtigen den Entwicklungsstand unserer Kinder und planen unsere Aktivitäten so, dass die Kinder nicht überfordert werden.
- Wir teilen uns die Arbeit auf, sodass zum Beispiel einer von uns sich um ein oder zwei Kinder kümmert, während der andere einem Kind bei den Hausaufgaben hilft oder es badet.
- Wir legen bei Aktivitäten, die außer Haus geplant sind (unsere und die der Kinder), immer wieder einmal Pausen ein, damit wir unsere Familienzeit nicht zu sehr verplanen.
- Wir vermeiden Orte wie überfüllte Restaurants, in denen unsere Kinder zu viele Reize aufnehmen müssen und überfordert sind.
- Wir lachen bei dem Gedanken, dass wir uns eines Tages im Restaurant langweilen werden, weil keine kleinen Kinder mehr da sind, die uns beim Essen stören.
- Wir feiern unsere kleinen Erfolge als Eltern und wissen, dass es Zeichen für eine gute Zukunft unserer Kinder sind.
- Wir wissen, dass wir unsere Ehe beständig pflegen müssen (und wollen es auch), damit sie nicht durch unsere elterlichen und andere Verpflichtungen aufs Abstellgleis gerät.

- Wir rechnen damit und akzeptieren die Tatsache, dass wir abends sehr müde zu Bett gehen und morgens ein biss-chen weniger müde aufwachen.

Shannon und Stephen sind immer noch mitten in dieser Kin-der- und Familienphase. Karolyn und ich haben unsere eige-nen Kinder großgezogen und genießen bereits unsere Enkel-kinder. Ehrlich gesagt gefällt mir diese Lebensphase. Aber alle anderen Phasen gefielen mir auch. Ja, es gab harte Zeiten. Es gab Zeiten, in denen ich um die Weisheit gebetet habe, die ich nicht hatte ... und sie empfangen habe. Im Rückblick ste-hen mir die harten Zeiten nicht so sehr vor Augen. Viel eher erinnere ich mich daran, wie ich unserer Tochter und unse-rem Sohn bei ihrer Entwicklung zusah. Ich genoss jedes Bas-ketballspiel und jedes Klavierkonzert. Musste ich dafür meine Zeitplanung verändern? Ja, aber das war es wert.

Jetzt, wo unsere Kinder erwachsen und verheiratet sind, freuen Karolyn und ich uns sehr darüber, dass sie in ihre Ehen investieren und ihre Berufe nutzen, um anderen Menschen zu helfen. Und ja, wir freuen uns auch sehr, wenn wir sehen, wie unsere Enkel lesen, lernen, spielen und ihre Eltern und Großeltern respektieren. Ich kann Johannes, einem Apostel der frühen Kirche, nur zustimmen, wenn er schreibt: „Es gibt für mich keine größere Freude, als zu hören, dass meine Kin-der so leben, wie es der Wahrheit entspricht."[23]

Shannon und ich hoffen, dass dieses Buch Ihnen geholfen hat, sich auf Ihre verantwortungsvolle Aufgabe als Mutter oder Vater besser vorzubereiten. Gott segne Sie und Ihre Familie!

Gary Chapman

Endnoten

1 Gary Chapman: *Checkliste für Ja-Sager. 12 Tipps für eine gute Ehe.* Verlag der Francke Buchhandlung, 2011.

2 Laut einer Studie des amerikanischen Gesundheits- und Sozialministeriums aus dem Jahr 2009, die sich mit dem Problem des unerfüllten Kinderwunsches befasste: www.womenshealth.gov/publications/our-publications/fact-sheet/infertility.html#1.

3 Gary Chapman: *Die fünf Sprachen der Liebe – Wie Kommunikation in der Ehe gelingt.* Verlag der Francke Buchhandlung, 8. Auflage 2010.

4 Mark Lino: The United States Department of Agriculture's Center for Nutrition Policy and Promotion (CNPP). Jahresbericht unter dem Titel: „Expenditures on Children by Families", 2014.

5 Siehe Internetseite des Statistischen Bundesamtes (aufgerufen am 23.10.2017): https://www.destatis.de/DE/Publikationen/Thematisch/EinkommenKonsumLebensbedingungen/Konsumausgaben/KonsumausgabenFamilienKinder5632202089004.pdf?__blob=publicationFile.

6 Gary Chapman, Arlene Pellicane: *Kinderzimmer 2.0: Erziehung im digitalen Zeitalter.* Verlag der Francke Buchhandlung, 2015.

7 Rudolf Dreikurs: *Children. The Challenge. New York, Hawthorn/Dutton, 1964. (Deutsche Ausgabe: Rudolf Dreikurs, Vicki Soltz: Kinder fordern uns heraus. Klett-Cotta; 21. Aufl. 2017)*

8 Gary Chapman, Ross Campbell: *Die fünf Sprachen der Liebe für Kinder*. Verlag der Francke Buchhandlung, 2014.

9 John Bowlby: *A Secure Base. Parent-Child Attachment and Healthy Human Development*. New York, Basic Books, 1988.

10 Erik H. Erikson: *Childhood and Society*. New York, Norton, 1964.

11 Sprüche 18,21, Hoffnung für alle.

12 Gary Chapman, Ross Campbell: *Die fünf Sprachen der Liebe für Kinder*. Verlag der Francke Buchhandlung, 2014.

13 Brian Gene White, Rodney A. Atkins u. Steven A. Dean: „Watching You" (aufgenommen von Rodney Atkins). Von der CD: *If You're Going Through Hell*. Nashville, Curb Records, 2006.

14 Gary Chapman, Jennifer Thomas: *Die fünf Sprachen des Verzeihens*. Verlag der Francke Buchhandlung, 2010.

15 George Sweeting: *Who Said That?* Chicago, Moody Publishers, 1995, S.250.

16 Gary Chapman, Arlene Pellicance: *Kinderzimmer 2.0 – Erziehung im digitalen Zeitalter*. Verlag der Francke-Buchhandlung, 2015, S. 15.

17 Gary Chapman: *Liebe als Weg. Wie die 7 Qualitäten der Liebe unser Leben verändern*. Arkana in der Verlagsgruppe Random House GmbH, 2008, S. 148f.

18 Gary Chapman: *Die andere Seite der Liebe. Ärger, Wut und Zorn: Wie negative Gefühle zur positiven Kraft werden.* Brunnen-Verlag GmbH, 6. Auflage 2018.

19 Prediger 4,9, Hoffnung für alle.

20 Epheser 5,25, Hoffnung für alle.

21 Randy Southern: *52 Uncommon Dates.* Chicago, Moody Publishers, 2014.

22 Galater 5,22-23, Hoffnung für alle.

23 3. Johannes 4, Neue Genfer Übersetzung.

Mehr von Gary Chapman zum Thema

Gary Chapman, Ross Campbell
Die 5 Sprachen der Liebe für Kinder
Wie Kinder Liebe ausdrücken
und empfangen
ISBN 978-3-86827-437-0
224 Seiten, Paperback
auch als E-Book erhältlich

Ihre ganze Liebe gilt Ihren Kindern. Aber sind Sie sich sicher, dass Ihre Kinder das auch spüren? Denn – was versteht Ihr Kind überhaupt unter Liebe? Lernen Sie mit diesem Bestseller die Muttersprache der Liebe, die Ihr Kind spricht, und es wird die Geborgenheit erfahren, die es zu einem liebesfähigen Menschen heranwachsen lässt. Lernen Sie, es wirklich zu verstehen – weil ein gesundes Familienklima so wichtig ist!

Gary Chapman, Ross Campbell
Die 5 Sprachen der Liebe
für Kinder kompakt
ISBN 978-3-86827-614-5
57 Seiten, gebunden

Ihre ganze Liebe gilt Ihren Kindern. Aber sind Sie sich sicher, dass Ihre Kinder das auch spüren? Denn – was versteht Ihr Kind überhaupt unter Liebe?

Lernen Sie mit diesem Ratgeber die Muttersprache der Liebe, die Ihr Kind spricht. Lernen Sie, es wirklich zu verstehen – weil ein gesundes Familienklima so wichtig ist!

Für alle, die kompakte Informationen schätzen, wird jede der fünf Liebessprachen kurz vorgestellt und durch eine Fülle origineller Cartoons hundertprozentig unverwechselbar gemacht.

Gary Chapman, Randy Southern
Die 5 Sprachen der Liebe für Familien
ISBN 978-3-86827-695-4
400 Seiten, Paperback

Gary Chapman zeigt, worauf es ankommt, wenn Familienleben gelingen soll:

- Eine auf das Wohl aller bedachte Haltung der Eltern
- Nähe zwischen Mann und Frau
- Den Willen der Eltern, Maßstäbe zu setzen
- Kinder, die den Anweisungen ihrer Eltern vertrauen und sie achten
- Männer, die Verantwortung für die Familie übernehmen

Alltagsnahe Übungen garantieren, dass es nicht nur beim »Wissen, wie« bleibt, sondern dass Sie die Empfehlungen auch umsetzen können.

Gary Chapman
Schlafräuber und Wonneproppen
ISBN 978-3-86827-081-5
80 Seiten, gebunden

Nichts verändert eine Ehe so sehr wie die Geburt des ersten Kindes. Heiß ersehnt sorgt der Nachwuchs für viel Wirbel. Irgendwann stellt sich jedoch die Frage: „Und wo bleibe ich mit meinen Bedürfnissen?" Unzufriedenheit mit der neuen Situation kommt auf.

Damit die Beziehung der Partner trotzdem lebendig bleibt und sich keiner hintangestellt fühlt, hat Chapman diesen Ratgeber für frisch gebackene Eltern geschrieben. Er verrät, wie trotz Schlafentzug, Babygeschrei und kleinen Eifersüchteleien die Liebe zwischen den Partnern gedeiht.

Gary Chapman
Die 5 Sprachen der Liebe für Teenager
ISBN 978-3-86827-684-8
392 Seiten, Paperback
auch als E-Book erhältlich

Fast über Nacht hat sich die süße Tochter, der fröhliche Sohn in einen mürrischen Teenager verwandelt. Die bisherigen Erziehungsmethoden greifen nicht mehr; wir Eltern fragen uns ratlos: »Was machen wir plötzlich falsch?«
In diesem Ratgeber zeigt Dr. Gary Chapman, wie Eltern ihrem Teenager ihre Liebe zeigen können. Er erklärt, worauf Eltern achten müssen, und geht auch auf besondere Herausforderungen ein, z.B. für Alleinerziehende oder Patchwork-Familien. Ein unentbehrlicher Begleiter, mit dem Eltern ihre Kinder liebevoll auf dem Weg des Erwachsenwerdens unterstützen können.

Das bewährte Konzept der »Fünf Sprachen der Liebe« für alle, die mit Teenagern zu tun haben – neu übersetzt und komplett überarbeitet!

Gary Chapman, Paige Haley Drygas
Die 5 Sprachen der Liebe Teen Edition
So werden deine Beziehungen stressfrei
ISBN 978-3-86827-685-5
400 Seiten, Paperback
auch als E-Book erhältlich

Ihre ganze Liebe gilt Ihren Kindern. Aber sind Sie sich sicher, dass Ihre Kinder das auch spüren? Denn – was versteht Ihr Kind überhaupt unter Liebe?

Lernen Sie mit diesem Ratgeber die Muttersprache der Liebe, die Ihr Kind spricht. Lernen Sie, es wirklich zu verstehen – weil ein gesundes Familienklima so wichtig ist!

Für alle, die kompakte Informationen schätzen, wird jede der fünf Liebessprachen kurz vorgestellt und durch eine Fülle origineller Cartoons hundertprozentig unverwechselbar gemacht.

Mehr bei Francke zum Thema

Ross Campbell
Kinder sind wie ein Spiegel
Ein Handbuch für Eltern, die ihre Kinder
richtig lieben wollen
ISBN 978-3-86827-238-3
144 Seiten, Paperback
auch als E-Book erhältlich

Kinder reflektieren alles, was wir ihnen schenken. Und wenn wir ihnen viel Liebe schenken, entwickeln sie sich fröhlich und gesund. Allerdings reicht es nicht, Liebe nur zu predigen - sie muss konkret werden. Wie das funktionieren kann, zeigt Ihnen dieses „Praxisbuch Liebe".
Illustrierte und überarbeitete Neuauflage des beliebten Erziehungsratgebers.

Petra Schünemann
Kleine Leute - große Fragen
Mit Kindern den Glauben leben
ISBN 978-3-86827-638-1
231 Seiten, Paperback
auch als E-Book erhältlich

Ihre ganze Liebe gilt Ihren Kindern. Aber sind Sie sich sicher, dass Ihre Kinder das auch spüren? Denn – was versteht Ihr Kind überhaupt unter Liebe?

Lernen Sie mit diesem Ratgeber die Muttersprache der Liebe, die Ihr Kind spricht. Lernen Sie, es wirklich zu verstehen – weil ein gesundes Familienklima so wichtig ist!

Für alle, die kompakte Informationen schätzen, wird jede der fünf Liebessprachen kurz vorgestellt und durch eine Fülle origineller Cartoons hundertprozentig unverwechselbar gemacht.

Stephen Kendrick, Alex Kendrick
40 Tage Liebe wagen für Eltern
Ein ISBN 978-3-86827-689-3
284 Seiten, Paperback
auch als E-Book erhältlich

Eltern wollen nur das Beste für ihre Kinder: Als Christen möchten sie ihnen Werte und Glauben vermitteln und sie fürs Leben stark machen. Sie möchten ihnen gute Grenzen setzen und sie grenzenlos lieben. Sie wünschen sich, dass ihre Kinder glückliche und gesunde Erwachsene werden, die Jesus nachfolgen. Aber oft wissen Eltern nicht, wie sie das anstellen sollen. Und so können aus hoffnungsvollen Perspektiven am Ende Jahre verpasster Gelegenheiten werden.

Dieses Buch zeigt Eltern ganz praktisch, wie sie ihre Kinder im umkämpften und oft stressigen Alltag lieben und prägen können – vom Vorschulalter bis in die Pubertät und darüber hinaus.